多様化する社会と多元化する知

片山悠樹
Yuki Katayama
山本達也
Tatsuya Yamamoto
吉井 哲
Satoshi Yoshii
編

The Many Paths to Understanding
Multi-faceted Thinking beyond the "Single Answer" in Diverse Societies

●「当たり前」を疑うことで見える世界

ナカニシヤ出版

はしがき

学校での勉強なんて社会に出てから役に立たない。しばしば、そういう声を聞くことがある。実際にそのように信じている人も、社会人として働いた経験からそう実感している人もいるに違いない。

そんな人に限って、勉強が苦手だと思っていたり、勉強なんて嫌いだと思っていたりしないだろうか。すでに勉強嫌いだという人は、勉強なんて生まれつき嫌いだったと言うかもしれない。でも、本当にそうだろうか。

幼稚園児くらいの子供を見ていると、図鑑を広げては新しい発見に目を輝かせているし、親との会話でも「なぜ？　なぜ？」を連発する。何かがわかったときには、少し誇らしげに、本当にうれしそうな顔をする。どんな人にも、こういう時代はあったはずだ。学ぶことや知ることと、目の輝きは本来直結していたのである。

ところが、小学校に入り、中学、高校と進んでいくなかで、いつしか幼少期の頃の目の輝きを失ってしまう人は多い。正解すればマルをもらい、間違っているとバツをつけられる。学年が進むにつれ、問題は難しくなり、簡単にマルをもらえないようになっていく。マルとバツの数によって、上から順番に並べられ、振り分けられ、そうやってつけられた序列にしたがって大学にまでやってくる。こうして勉強嫌いの大学生が、また１人生み出される。

そんな人にとっての大学という場所は、勉強嫌いの大人を世の中に輩出するための総仕上げの場だと映るかもしれない。大学で学ぶ究極的な目的は、卒業証書を無事にもらうことと、その卒業証書を評価してくれる会社に内定をもらうことであって、大学にそれ以上特に期待することなどないと言うかもしれない。こんな人が、「結局、大学の勉強なんて社会に出てから何も役に立たない」と社会のどこかでうそぶき、それをまたどこか勉強嫌いが聞いて、勉強をしない言い訳に使うようになる。

ところが、「勉強嫌い」というのは、単なる思い込みに過ぎないことがほとんどである。実際、大学での講義や実地研修を通して、「学ぶってこういうことだったのですね」、「学ぶことの本質がわかった気がします」、「本気で学ぶって苦しいことだけど、とても楽しいことでもあるのですね」といったコメントを毎年のように学生たちから聞く。幼少期の目の輝きが証明しているように、人は本質的に学ぶこと、知ること、わかることを喜びとして受け止めるようにプログラムされているのである。

実は、大学とは、勉強嫌いの総仕上げの場であるどころか、勉強嫌いを返上するチャンスがそこら中に転がっている極めて貴重な空間なのである。そして、おそらく、大学生活の4年間こそが、かつての自分が持っていた学びに対する好奇心を取り戻し、勉強嫌いを返上する最後のチャンスになる。誰にでも「学びスイッチ」は備わっている。ぜひ、大学でその「学びスイッチ」を起動させてもらいたい。学ぶことに喜んでいる自分に出合えると共に、世界の見え方も少しずつ変わっていくことになるだろう。

大学で学んだ後の人生には、2つのパターンが待っている。勉強なんて悪夢だと信じたまま一生を終える人生と、学ぶことは楽しいことだと気がついたうえで送る一生である。どちらの人生を歩みたいと思うだろう。どうせ人生を送るなら、後者の人生を歩んでみたいと思わないだろうか。

本書は、この2つの選択肢を示されたときに、後者の人生を歩んでみたいと考える人のために編まれた。特に、勉強が苦手だとか、勉強なんて嫌いだとか、勉強なんかしてもどうせ社会では役立たないと思っている人たちにこそ、手にとってもらいたいと思う。本書は、法学、政治学、経済学、会計学、社会学など多様なバックグラウンドを持つ著者によって書かれているが、それぞれの分野にある何か特定の知識を伝えようとするのではなく、なによりも学ぶことの面白さを伝えることを目的としている。

読み進めてもらえればわかるが、学問分野ごとに社会を見る角度や視点、着目するポイント、分析のための道具がそれぞれ異なっている。社会が多様化しているなか、そのような社会を捉えるためには、分析する「知」の側も多元的でなくてはならない。

各執筆者は、料理人のような存在でもある。分析対象となる社会の中から材料を選び出し（テーマを決めデータを収集）、それぞれの学問分野の作法に則りつつ独自のアレンジも加えながら調理（分析）し、完成された料理をお皿に盛りつけていく（結果の提示）。

本書の各章は、高校生活まで慣れ親しんだ、マルかバツかで評価できるような問いとは異なる種類の問いを解こうとしている。そこでは、唯一の正解などないなか、自分なりの正解にたどり着こうとする、1人の研究者の思考プロセスを追体験することができる。学ぶことの真の面白さは、答えが合っているか合っていないかということで決まるのではなく、その答えを求めにいくプロセスのなかにこそ潜んでいる。

はっきり言って、学ぶことは面白い。学ぶことは楽しいし、学べることは幸せなことでもある。本書の執筆者は、みな面白いと思いながら日々学び、研究を続けている。そして、本書の執筆者は、この面白さは、大学に入学してくるような皆さんであれば必ず理解できるし、面白さを皆さんと共有できるはずだと信じている。

本書はもともと、大学に入学したものの大学生になりきれない「高校4年生」を想定して書かれたものであるが、いつまでも勉強嫌いのまま大学生になりきれず、「高校5年生」「高校6年生」となってしまった人に読んでもらってもまったくかまわない。それどころか、大学での学びの面白さがいまいちわからないまま大学を卒業し、そのまま社会人になってしまった人にも読んでもらいたい。学びの扉はいつでも開かれており、その扉をくぐるのに遅すぎることはない。むしろ、回り道をしてから学びの面白さに気づいたからこそ得られるものも大きいはずである。

本書が、1人でも多くの読者の「学びスイッチ」を起動させることができれば、と願っている。そして、知の多元性を楽しみ、「あたり前」を疑うことで見えてくる世界の面白さを少しでも感じとってもらえたら、編者として望外の幸せである。

2017年正月

編者一同

目　　次

序　章　なぜ、今、大学で学ぶのか？

山本達也・山中仁美

1　「混乱期」を生き抜く覚悟

皆さんは、これからの社会がどうなっていくとイメージしていますか。これまで過ごしてきた人生と同じような毎日が、繰り返されることになるだけだと思っていますか。それとも、想像すらしなかったような未来に直面することになると思いますか。

未来予測ですので、誰にも正確なところはわかりませんが、皆さんの多くは「右肩上がりの明るい未来」というよりも、「先行き不透明な混乱期」を予測しているのではないでしょうか。実際、最近の国際ニュースを見ていると、「先行き不透明な混乱期」を感じさせるニュースに事欠きません。

2010年末～2011年にかけて起こった「アラブの春」以降、中東情勢は混迷を極めています。ヨーロッパ諸国でも、大量の難民が押し寄せ、テロ事件が相次ぐなど影響が拡大しています。そのほか、ヨーロッパでは、ギリシャをはじめとして国家債務危機が心配されるとともに、EU（欧州連合）からの脱退問題や、地域の独立運動が活性化するなど、不安定な状況が続いています。

世界経済を牽引してきた中国の成長にも陰りが見え始め、世界経済そのものも伸び悩んでいます。2008年には1バレルあたり150ドル近くまで値上がりした原油価格も、最近では40ドル台にまで下落するなど、乱高下しています。経済的な格差の問題もしばしば取り上げられ、ごく少数の大富豪とその他大勢の人々という状況のなか、先進民主主義国でもデモが頻発しています。

個々の事例について、その原因や影響など詳細を述べる紙幅はありませんが、なにやらこれまでの「常識」や「既存の枠組み」では説明が難しいような事象が増え始めているということについては、同意してくれる方も多いのではないかと思います。現在のようにグローバル化した世の中では、国際的な混乱が国内的な混乱として直結する形で影響を与えることになります。こうした状況を考えると、どうやら私たちはこの先しばらく「混乱期」を生き抜かなくてはならないようです。場合によっては「混乱」と呼ぶには生ぬるく、ある種の「危機の時代」を覚悟したほうがよいという警告を発する論者もいます。

社会のように連続性のある複雑なシステムには、大別すると「安定期」と「混乱期」の２つがあります。例えば、日本の社会を考えてみましょう。日本では長らく年功序列型のいわゆる「終身雇用」が支配的でした。年金や医療、福祉などの社会保障制度もおおむね順調に機能してきました。人口の増加や経済成長といった、これらのシステムを維持するための環境が整っていたのです。逆に言うと、今あるシステムがシステムとして機能するための条件がこれらの環境であり、こうした環境があることを前提としてシステムが設計されていたという側面があります。

前提が崩れると、一体どのようなことが起きることになるのでしょうか。実際に、日本はすでに人口減少時代が始まり、少子高齢化も進んでいます。経済成長も長らく停滞していますし、この先よくなる徴候も見えません。むしろ、悪化するのではないかという懸念材料に溢れているほどです。ことの結末はわかりませんが、少なくとも楽観視は難しいと言えるのではないでしょうか。

実際に、世界的に有名な大企業であっても場合によってはある日破綻という事態も現実味を増していますし、「入社すれば将来が約束されている」と思われていた大企業でさえリストラせざるをえない状況が増えています。社会保障制度への信頼も大幅に低下しています。皆さんのなかにも、もしかすると自分たちは年金を払うばかりで、自分たちがもらう頃には制度が破綻しているのでは、と漠然とした不安や不信を抱えている人も多いのではないでしょうか。1000兆円を超える「借金」を抱える国家財政を前に、本当に大丈夫なのだろうかと不安に思う人も増えていることでしょう。

これまでと同じような今日があり、今日と同じような明日が繰り返されることになる「安定期」には、安定期に最適な成功モデルを多くの人が追い求めました。いわゆる、いい高校、いい大学、いい会社という直線的なモデルです。直線的なモデルですから、1本の線の上で自分がどの位置にいるのかという競争が繰り広げられることになります。

このモデルの全盛期には、「大学＝レジャーランド」という揶揄もありました。つまり、大学入試を突破することが勉強のゴールであり、そこさえクリアすれば、あとはその大学のレベルに応じた「その後の人生」が約束されているものだと信じられてきました。大学のレベルに応じた会社に入れば年功序列型終身雇用が保障され、定年後は国の年金や医療保険制度に守られ、人生のゴールまでの道筋が見える安心感に浸ることができたのです。

残念ながら「混乱期」には、この直線的なモデルがうまく機能しないという事例が後を絶たないと思います。それが、「混乱期」の定義でもあります。人間という生き物は、受け入れがたい現実に直面するとしばしば「拒否」や「拒絶」という反応を示すことで知られています。

「ウソだ、そんなはずはない」であるとか、「そんなことは実際に起こるはずもない極端な想定だ」など、否認の言葉はいくらでも出てきそうです。人によっては、もしそのようなことが起こっても「自分の身には降りかかってこないだろう」など、根拠の乏しい願望を抱くことで自分自身の心のありようと折り合いをつけようとするかもしれません。受け入れがたい現実を「なかったこと」にしてしまいたいという気持ちは1つの防衛本能のあり方なのかもしれませんが、当然のことながら何一つ問題が解決されたわけではなく、対策を先延ばしにしている分、問題が表面化したときに取り返しのつかない事態になりかねません。

システムの「安定期」には、中・長期的な予測が機能します。予測が効く社会であれば、「マニュアル」による対応が効果を発揮します。ある資格を取得した人は、このくらいの確率でこの程度の年収が期待できるなどの予測もつけやすいと言えます。ある特定の資格を取得しようと決めれば、そのための教科書や参考書を買って勉強すれば合格可能性は高まります。資格対策の専門学校も数多くありますので、ポイントを抑えた資格対策を磨けば合格可能性がさらに高まることでしょう。この種の勉強は、大学受験の際のセンター試験や一般入試のための勉強と似ているため、イメージもつきやすいと思います。

ところが「変革期」には、中・長期的な予測どころか、極端な話をすれば明日だってどうなるかわかりません。変化は突然やってくることも多いからです。これまで価値があると信じていたものが、一瞬にしてその価値を失ってしまうかもしれません。予測が極めて困難で、「何でもあり」なのが混乱期なのだと言うこともできます。

ここまで読んで、すでにやる気をなくしてしまう人もいるかもしれません。それでもこの世に生まれてきた限り、生きていかなければなりませんし、明日はまたやってきます。それでは、どうすればよいのでしょうか。どうすれば「変革期」を自分らしく、自分の意思で、そして自分の力で生き抜くための能力を手にすることができるのでしょうか。本書は、こうした疑問を持つ皆さんのために編まれました。

本書の１つのテーマは、「現代社会における知」です。ここで確認しておきたいのは、「知識」と「知」とは別物だということです。「安定期」であればいざ知らず、「変革期」に求められるのは知識だけでは十分でなく、知を体得できているかどうかが極めて重要です。不確実な時代に最もリターンの大きい投資は、自己投資だと言われたりもします。自分のものとなった何かは、失うことも奪われることもありません。

知識から知へという変革のプロセスは、学びの方法と目的の転換をともないます。この転換は、高校までの学びと大学での学びの決定的な違いでもあります。したがって、「変革期」を自力で乗り越え人生を切り拓いていくための「知」を体得するためのカギは、大学での４年間の過ごし方や学び方にあると言えるでしょう。

本書は、一読してもらえれば、それぞれの読者が何らかの答えを見つけられるような工夫を施してあります。とはいえ、本書は、何をどうすればよいかを記した「マニュアル」が書かれた、いわゆる「ハウツー本」ではありません。「変革期」にマニュアルが通用しないことは、先に述べたとおりです。

「現代社会における知」に迫るためのヒントについては、このあとに続く本編を読み進めてほしいと思いますが、以下、この序章では本編をどのように捉え、どのように読んでいったらよいのかという説明がわりに、ちょっとした「頭の準備体操」をしてみたいと思います。

2　高校までの常識と大学からの常識

皆さんのなかで大学入学後、自分の呼ばれ方が変わったことに気がついた人はどれくらいいるでしょう。小学校では児童、中学校・高校では生徒と呼ばれますが、大学に入学すると学生と呼ばれるようになります。こうした呼称の違いは、学校教育法の定めによるものですが、呼び名をあえて変えているのにはきちんと理由があります。

特に重要なのが、生徒から学生と呼ばれるようになったことの意味です。生徒はすでに教わるべき何かが明らかになっていることを、教師から教わりながら勉強していく存在です。対して、学生の場合は、あらかじめ範囲が設定されている教わるべき何かをただ単に教わるというのではなく（こうした要素がゼロではありませんが）、自ら能動的に学んでいくという姿勢が期待されています。

少し考えてみれば当たり前のことなのですが、普段それほど意識されることのない冷徹な事実は、「自分の人生は自分の足でしか歩んでいけない」ということです。親や兄弟や友人は、皆さんの人生の手助けをしてくれると思いますが、できることはあくまでも「手助け」です。誰も皆さんのかわりに皆さんの人生を歩むことはできません。

結局、自分の人生は自分で引き受けるしか方法がありません。特に「混乱期」には、「大企業の肩書き」も「親の資産」も、皆さんの人生を保障してくれる存在ではなくなってしまうかもしれません。いつかは覚悟を決めて、「自分の人生を当事者として主体的に引き受け」なくてはなりません。

その点、多くの人が大学生となる18歳という年齢は、こうした覚悟を決めて、自分の人生をどこか「他人事」として生きるのではなく、「自分事」として生き始めるにはちょうどいい頃合いだと思います。学生という呼び名は、こうした態度とも関連しています。自分の人生を自ら切り拓くために、与えられ、やらされる勉強から、自ら主体的に行う勉強に転換していくいい機会だと言えるでしょう。

「混乱期」において大学生の間に身につけておくべき力は、「自ら学ぶ」という方法論を自分のものにすることだと思います。これは、たとえどのような学問分野を専攻しようとも変わりません。「自ら学ぶ力」というのは、「自力で答えを導き出すことのできる力」と言い換えることもできます。この力を身につけている人は、将来出会うことになる未知の問題に対して、自力で答えを導き出すことができることでしょう。人生において出会う問題は、かつて学んだ教科書に載っていない未知のものばかりです。

相対性理論で有名な理論物理学者のアインシュタイン（Albert Einstein）が残したとされる名言に、「教育とは、学校で習ったことをすべて忘れてしまったあとに、なお自分のなかに残っているものをいう」というものがあります。「自ら学ぶ力」、「自力で答えを導き出すことのできる力」は、一度身につけるとそう簡単に忘れるものではありません。ただし、それなりの訓練が必要です。大学という場は、そのための訓練を積むに最適な場所でもあります。

やや抽象的な説明が続きましたので、具体的なイメージをつかむために「車の運転」を比喩として用いながら考えてみましょう。自分の人生を自分自身で歩むというのは、たとえるなら「車の助手席に座って誰かにどこかへ連れていってもらう存在から、自分でハンドルを握る運転者になる」ということです。高校生までだったら、皆さんの車（＝皆さんの人生）の運転席でハンドルを握るのを、親や兄弟や親戚や先生にお願いしてもいいかもしれません。しかし、皆さんの人生は皆さんしか生きることができないのですから、最終的にはどこかの段階で皆さん自身がハンドルを握る必要があります。

何の知識も経験もなく、いきなりハンドルを握って路上に出れば、高い確率で事故を引き起こしてしまうでしょう。致命的な事故にもなりかねません。その点、大学での学びは、ある意味で自動車教習所に似ているところがあります。人生という車を、自分の力で適切にコントロールしながら運転できるようになるための能力を鍛えてくれる場だと考えてはいかがでしょうか。

生徒から学生へと変化するにともなって、「優秀さ」の基準が変わることもしばしばです。典型的な「優秀な生徒」とは、先生の言うことをよく聞き、先生がやりなさいということをしっかりやり、やってはいけないということはやらないタイプでしょう。ところが、この優秀さを引きずりながら大学生になると、「言われたことはやってくるが、言われていないことはやってこない」という評価の学生になってしまいがちです。最低限のことをやってくるという意味では、いいのかもしれませんが、少なくとも「優秀な学生」というカテゴリには入らないでしょう。その点、大学では、先生が言うことであっても疑い、言われたことをやるだけではなく、場合によってはあえてやってはいけないということを自分で試してみるという態度を持つような学生は、「優秀だ」と評価されやすくなります。

こうした評価の違いは、取り組む問題の性質が高校と大学とでは異なることにも関連しています。高校までの学習は、ほとんどの場合１つの決まった答えがすでに想定されている問題への対処を学びます。対して、大学での学びは、必ずしも１つの決まった答えが存在しない問題への対処が迫られます。このような種類の問いに対処するためには、「優秀な生徒」としての態度では不十分であり、「優秀な学生」としての取り組みが求められるのです。

ところで、皆さんはいったい「誰」のために学ぼうとしているのでしょうか。そんなの「自分のため」に決まっているじゃないか、と即答する人もいるかもしれません。世の中には様々な種類の学びがありますが、「誰のために」というフィルターを通すと、大きく３つのカテゴリに分類することができるでしょう。

第１に、自分のための学びです。より高い給与を得るためであるとか、フランス語で会話がしたいなど、動機は様々だと思います。資格取得を目指した勉強というのは、多くの場合このカテゴリに入ることになるでしょう。

第2のカテゴリは、誰か他人のためにする学びです。親孝行がしたいとか、医者になって困っている人を助けたいなど、こちらも動機は様々でしょう。対象が、自分のすぐ側にいる人かもしれませんし、地球の裏側にいる人かもしれませんが、第1のカテゴリの学びよりは範囲が広がることになります。

第3のカテゴリは、誰のためにするわけでもない学びです。第2のカテゴリが、地球の裏側にまで届くような広がりを見せていることと対比すると、拍子抜けしてしまうかもしれません。そして、大学で皆さんが触れることになる学問が目指しているのは、通常この第3のカテゴリに該当するような学びだと言うと、余計にガッカリしてしまうかもしれません。

具体例で考えてみましょう。先ほど紹介したアインシュタインは、相対性理論を導き出したことで有名です。相対性理論そのものは、お腹を満たしてくれるわけでもありませんし、誰かが得するということもありません。ですが、われわれ人類がこれまで正しいと考えてきた世界観、宇宙観を根底から覆すことになりました。人類全体が、この世の中の真理に一歩近づいたのです。また、相対性理論は、誰かが使うと誰かが使えないとか、そういう性質も持ち合わせていません。人類全体の共有知になっています。つまり、誰のためでもない学びとは、全人類のための学びだということでもあるのです。

誤解をしないでほしいのですが、第1の学びや第2の学びに価値がないと言っているのではありません。ましてや、高校までの学びが無駄だと言っているわけでもありません。それどころか、学問が日々行っている第3の種類の学びを行うためには、高校までの学びが不可欠です。

ここで言いたいのは、「世の中には大学でなくては学べない種類の学びがあるということにもっと意識的になったほうがよい」ということです。第1や第2のカテゴリに属する学びは、もしかすると大学でなくてもできるかもしれませんし、資格取得や語学習得を目的とするなら、専門学校のほうがよっぽど効率的かもしれません。ただし、第3のカテゴリに属する学びについては、大学以外の場所で触れることは困難です。そして、答えがあるかないかもわからないような未知の問題に自力で立ち向かう能力を鍛えることは、予測不可能な社会において、自分の人生のハンドルを自分自身が握るための良い訓練になることでしょう。

3 「ファインダー」の覗き方

本書の本編では、様々な分野の研究者が、それぞれの学問分野の面白さや知のあり方を紹介していきます。学問は、大別するとその対象によって３つのカテゴリに分類されます。この宇宙の自然現象を研究対象とするのが「自然科学」、文学作品や美術作品、言語など過去の人類が作り上げてきた何かを研究対象とするのが「人文科学」、われわれが織りなす社会そのものを研究対象とするのが「社会科学」です。

本書に登場する学問は、政治学、経済学、社会学、法学などで、これらは基本的に人間が作り上げている（作り上げてきた）社会を研究対象としているため社会科学に属します。そして、本書のテーマは、「現代社会における知」です。本書に登場する各学問分野は、どれも現代社会の諸現象を解き明かそうとその本質に迫っていきますが、それぞれの学問によって現代社会を切り取る角度や捉え方が異なっていることに気がつく読者も多いと思います。同じ現代社会を「学問」しているはずなのに、どうしてこのような違いが生まれるのでしょうか。

この問いを説明するにあたっては、「カメラ」の比喩でたとえるのがわかりやすいのではないかと思っています。もしかしたらスマホ時代の皆さんは、写真はスマホで撮るものであって、カメラで写真を撮るという経験をほとんどしたことがないかもしれませんが、いわゆる「一眼レフカメラ」と呼ばれている「カメラらしいカメラ」を想像してください。

一眼レフカメラの特徴は、カメラ本体からレンズを取り外して、撮影ごとに自分の好きなレンズに付け替えることができる点にあります。一眼レフカメラ用のレンズには、単焦点レンズ（ズーム機能はないですが、単焦点レンズでないと撮れないような味のある写真を撮ることができます）、遠くのものを拡大して撮ることのできる望遠レンズ、広い画角の写真を撮ることができる広角レンズ、独特のゆがみや丸みのある写真を撮ることのできる魚眼レンズなど様々なものがあります。

レンズを付け替えると、同じ場所の同じ位置からシャッターを押しても、撮れる写真の見た目は違ったものになります。そこに広がる風景は同じはずなのに、違った見え方となって現れるのです。場合によっては、それぞれに見方が対立するということもありますが、どの写真が正解でどの写真が不正解ということもありません。相反する見解も含めて、多様性は価値を生み出します。違ったレンズを通して得られる複数の見方（複眼的視点）は、その対象の思いもしなかった一面を見せることを通して、対象のより深い理解へとつながっていくことでしょう。

それぞれの学問分野は、このレンズのようなものだと考えることができます。「現代社会」という同じ対象を分析し、そこに隠された秘密を明らかにしようとしている点では同じですが、学問分野によって社会を見る角度や切り取り方が異なることがあります。学問分野に固有の見方をすることが多いですし、それぞれに別々の種類の「知」の体系が広がっています。社会を捉えるときの前提が違っているとも言えます。

本書に登場する学問分野にも同じことが言えます。ある学問分野を学び、その学問分野特有の知の体系を体得するということは、カメラのレンズを新たに手に入れるようなものです。同じ選挙という現象であっても、政治学的な見方、経済学的な見方、社会学的な見方、法学的な見方は、それぞれ違う見え方になります。どれも「現代社会における知」の１つのあり方です。複雑な社会の本質に迫るためには、いろいろな角度から対象を眺め切り取って考察していくことが重要だということです。

カメラを比喩として使ったついでに、本書を執筆した研究者が何をやっているのかということについてもカメラの例で説明してみたいと思います。それぞれの研究者は、「カメラ」を手にしながら分析の対象となる社会を注意深く観察し、どの部分をどのように切り取って写すのかを検討します。対象が決まったら、自分が専門とするレンズをカメラに取り付けて、ファインダー（構図を決めたりピントを合わせたりするために設けられた小さな覗き窓）を覗きます。

ファインダーを実際に覗いてみるとわかりますが、写真が捉えることのできるのは現実として広がる風景のごく小さな一部にしかすぎません。ファインダーを覗いて捉えることのできる範囲は極めて小さいのです。実際、１人の研究者が扱える範囲、学問というレンズを通して捉えることのできる範囲は狭く小さいものです。

ただファインダーを覗いてシャッターを押すだけでは、いい写真を撮ることはできません。ピントを合わさなくてはなりません。研究をして論文を書く際には、必ず「問い」が求められます。この「問い」はピンポイントで定められます。問いをどのように設定するのかは、どこにピントを合わせるかを問われているようなもので、この問いの立て方にそれぞれの研究者のセンスが現れることになります。

たしかに、ファインダーを覗いて１人の研究者が捉えることのできる世界は、狭く限られたものなのですが、「仕方ない、そんなものだ」と思っているわけではありません。限界を十分に意識しつつ、その小さな限られたファインダーを通して、なるべく大きく社会を捉えよう、理解しようと日々奮闘しています。

皆さんもぜひ、大学での学びを通して、社会を切り取るための武器になるような自分なりのレンズを手に入れてください。そして、そのレンズをカメラに取り付け、小さな小さなファインダーを覗きつつ、より大きく広く社会を理解するような写真を撮ってみてください。いきなりいい写真が撮れるということは少ないと思います。ピンボケで、何を撮っているのかわからないような写真になってしまうことも多いでしょう。

そんなときに、皆さんにアドバイスをくれる存在が、皆さんよりも少し先に「写真」を撮り始めた大学にいる先生たちです。実は、そんな先生たちだって、つねに完璧な写真を撮ることができるわけでも、「正解」がわかっているわけでもありません。もしかしたら間違っているかもしれないという不安を抱えつつも、「これだ」という形でシャッターを押しているような存在です。

ただ、皆さんよりも数多くの「写真」を撮ってきましたし、そのための訓練も積んでいるので、皆さんにちょっとしたアドバイスくらいはできると思います。大学で先生とともに学ぶというのは、このように一方的に教わるということとは異なります。最終的にシャッターを押すのは、皆さんひとりひとりです。自発的、能動的に、自ら学ぶ「学生」とは、そのような人のことを指すのです。

4　様々な「知」のかたち

ここまでくると、いろいろなレンズ（異なる学問分野）を通してファインダー（現代社会）を覗いてみたいという気分になりませんか。そんな気持ちになっていただきながら、本編を読み進めてもらいたいと思います。異なる学問領域が、どのような側面から、また、どのようなアプローチで現代社会を捉えようとしているのかを感じてもらえることでしょう。

本編は、3部構成になっています。第Ⅰ部「現代社会を読み解く「知」」では、私たちの日常生活を対象にして、法学、社会学、政治学などのレンズを通して現代社会を切り取っていきます。扱うテーマは、第1章で法律と慣習との関係性、第2章で大学生の奨学金問題、第3章で嫌いな相手との人間関係、第4章で戦争の捉え方、第5章でインターネットとの付き合い方、第6章でグローバル化との向き合い方、としました。

第Ⅱ部「経済活動を読み解く「知」」では、主にお金や経済活動を対象として、経済学、財政学、会計学、地域研究論などのレンズを通して社会の仕組みに迫っていきます。扱うテーマは、第7章で私たちは経済的決定を本当に合理的判断から行っているのかという問題、第8章でロビンソン・クルーソーの物語にあてはめつつ国際貿易をどう考えたらよいのかという問題、第9章で財政健全化をめぐる問題、第10章で株主や配当の視点からよい企業をどう判断するのかという問題、第11章で中国を事例として知的財産権をどう考えるかという問題、としました。

第Ⅲ部は、「ケース＆ディスカッション」です。ここでは、社会的問題を具体的に１つ取りあげ、それを複数の学問分野（複数の違ったレンズ）で眺めるとどのような議論になるのかということを、本書の執筆陣に登場してもらいながら、一緒に考えてみたいと思います。

取り上げたのは、地球温暖化問題をどのように考えるのかというテーマと、どうして私たちはすべてを知っているわけではないのに（いろいろと知らないことだらけなのに）それなりに社会でうまくやれてしまうのだろうかというテーマの２つです。こうしたケース＆ディスカッションは、いろいろなテーマで行うことが可能です。ぜひ、皆さんも同じように、複数の人と１つの問題を様々な角度や切り口から論じあってもらいたいと思います。

章の並べ方は、読みやすさを配慮して並べてありますが、必ずしも第１章から順を追って読まなくてはいけないわけではありません。自分の関心のある学問領域や、面白そうだなと思ったテーマを扱っている章から読んでもらってもかまいません。自由に使ってください。

本書を通して、大学での学びとはどのようなもので、どのような考え方をしていくのか、また、どのような「知」が積み重ねられてきて、これからどのような「知」が積み重ねられようとしているのかを感じとってもらえればと願っています。「学生」であることの態度を一度身につけることができたならば、それは一生涯のものになります。充実した幸せな人生を送っていくためには、つねに自分の頭で考え、判断し、実行に移していくことが大切だと思います。ぜひ、大学生活を有意義に過ごし、卒業するまでに社会を切り取るための自分自身のレンズを手に入れてください。きっと「混乱期」を生き抜くうえで、皆さんの助けになってくれると思いますよ。

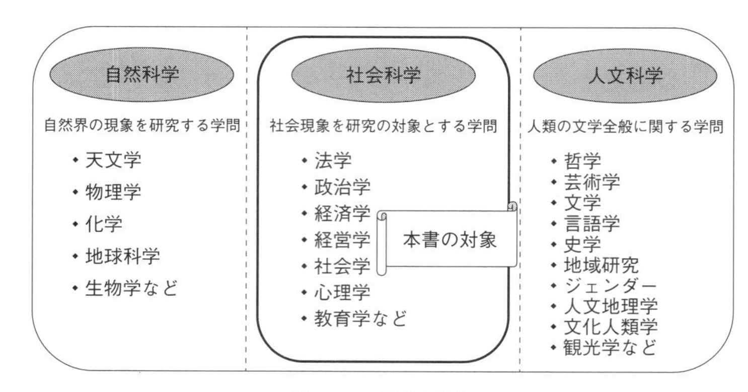

図 0－1　学問の対象

注：図は吉井が作成

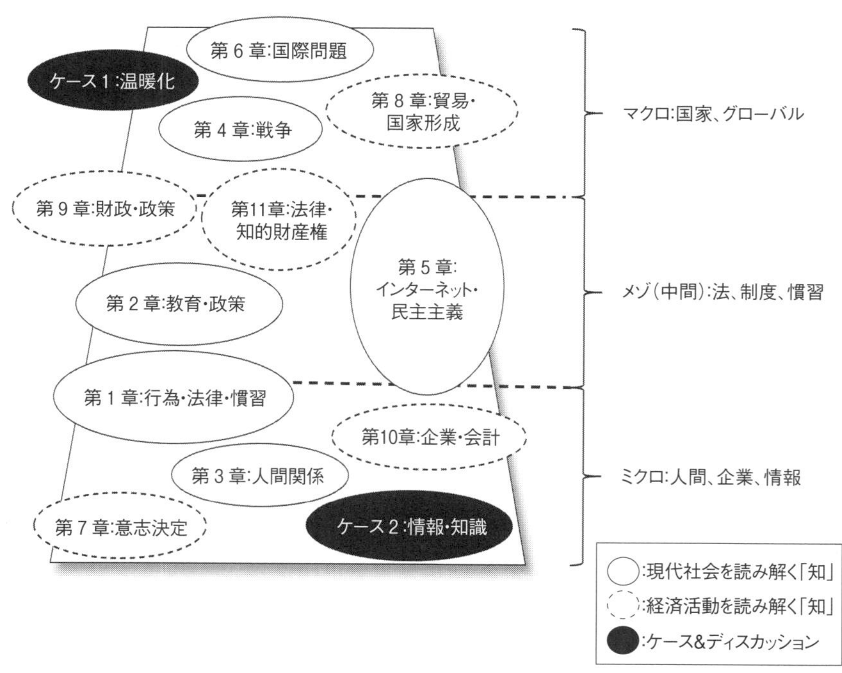

図 0－2　各章の関係

注：図は吉井が作成

第Ⅰ部

現代社会を読み解く「知」

第１章　何が決めるの？
行為の適切・不適切
——法と慣習の視点から考える

田中謙一

1　「適切な行為」と「不適切な行為」？

本章では法学という学問領域から、日常の暮らしの様々な場面における行為が社会において「適切」と評価されるか、あるいは「不適切」と評価されるかを考えてみましょう。

じつは読者の皆さんも、そのような評価を意識して行動しているのではないでしょうか。例えば、「赤信号のときに横断歩道を渡る」という行為は不適切と評価されるため、私たちは青信号になってから横断歩道を渡るのです。また、理由もないのに「他人を傷つける」という行為が不適切であることは当然でしょう。

この「赤信号のときに横断歩道を渡る」、あるいは「他人を傷つける」といった行為が不適切な行為であることは誰もが知っていますが、一見するとそれが適切なのか不適切なのかわかりにくい行為も存在します。例えば、「結婚した夫婦が異なる姓を用いること」は適切でしょうか。あるいは、「別居している息子が認知症の父親の介護を（やはり介護の必要な）老齢の母親にまかせっきりであること」は適切でしょうか。これらの行為は、なんとなく適切か不適切かの判断はついても、どちらと断定することは簡単ではありません。同じ日本という社会に住む人々の間でも判断が異なるのではないでしょうか。

このような状況を放置することは、社会にとって決して望ましいことではありません。適切か不適切かの判断がつかないまま行動することは、私たちに大きな不安を感じさせます。かりに「赤信号のときに横断歩道を渡る」という行為が適切であるか否かの判断がつかないとすると、どのタイミングで横断歩道を渡ったらよいかがわかりませんし、渡っている間もつねに自動車が走ってこないかを注意しながら渡らなければなりません。また、歩行者は「赤信号のときに横断歩道を渡る」という行為が適切であると考え、自動車の運転手が「赤信号のときに横断歩道を渡る」という行為が不適切であると考えていたとすると……不幸な結果が生じることは容易に想像できますね。

ですから、私たちの社会には、ある行為が適切であるか、それとも不適切であるかを、社会として判断する機能が備えられています。そして、この機能を学ぶことこそが、法学の目的なのです。

さて、この判断機能ですが、大きく分けると２つの場面が考えられます。第１の場面は、行為の適切・不適切を判断する基準を形成するという場面であり、第２の場面は、その基準を具体的な行為に適用するという場面です。少しわかりにくいかもしれないので、先ほど挙げた、「別居している息子が認知症の父親の介護を（やはり介護の必要な）老齢の母親にまかせっきりであること」を例として考えてみましょう。

まず、この行為が適切であるか、それとも不適切かをあらかじめ決めておくというのが、判断基準を形成する場面です。もちろん、単に決めるだけではなく、それを社会に住む人全員に知ってもらわなければなりません。ですから、判断基準を文章で明らかにし、これを社会に住む人全員に対して発表します。この発表された文章のことを「法」といいます。法のなかには、国家の基本的なあり方を定めた憲法や、国民の代表である国会が制定した法律、そして、それ以外の機関が制定する命令が存在します。いずれにしても、判断機能の第１の場面とは「法を制定すること」であると言えます。そして、法学のなかでもこの第１の場面に着目して行う学問を、「法政策学」と言います。

さて、一見すると、法が制定されれば判断機能は完遂していると思われるかもしれませんが、そうではありません。かりに、「別居している息子が認知症の父親の介護を（やはり介護の必要な）老齢の母親にまかせっきりであること」は不適切な行為であるとする法が存在したとします。このとき、「別居している息子が認知症の義理の父親（つまり、配偶者の父親）の介護を（やはり介護の必要な）老齢の義理の母親にまかせっきりであること」もまた不適切な行為でしょうか。この法における「父親」には「義理の父親」も含まれるのでしょうか、それとも含まれないのでしょうか。含まれるとすれば不適切な行為と言えますが、含まれないとすれば（少なくともこの段階では）不適切な行為とは言えなそうです。同じような例として、「携帯電話」にスマホは含まれるのか、あるいは、「自動車」に自転車は含まれるのか、といった問題を挙げることができます。

このように、法が制定されたのち、これを基礎として実際の社会に存在する多種多様な行為の適切・不適切を判断するのが、第２の場面、判断基準を適用する場面です。私たちの社会においてこの役割を担っているのが裁判所です。ですから、先ほどの例で言えば、裁判所が「父親」には「義理の父親」も含まれるか否かの判断を示すのです。言い換えれば、判断機能の第２の場面とは「法を適用すること」であると言えます。そして、法学のなかでもこの第２の場面に着目して行う学問を、「法解釈学」と言います。

ところで、読者の皆さんのなかには、結局裁判所が判断を示せば、それが新たな判断基準となるのだから、第１の場面と第２の場面に区別がつかないのでは、と思われる方もいらっしゃるかもしれません。つまり、先ほどの例で言えば、裁判所が「父親」には「義理の父親」も含まれるとする判断を下せば、裁判所が「別居している息子が認知症の義理の父親の介護を（やはり介護の必要な）老齢の義理の母親にまかせっきりであること」は不適切な行為であるとする法を制定したも同然である、というご指摘ですね。

たしかに、第２の場面が判断基準の形成としての側面を有していることは間違いありません。しかし、第２の場面では、あくまでもすでに制定された法を素材とし、これを細密化したり、わずかな修正を加えたりするにすぎません。ですから、裁判所が法の内容を大きく変えるようなことは許されないのです。

2　法＝慣習？

さて、前節で見てきたように、法の制定・適用を通じ、私たちはある行為が社会において適切とされるか、それとも不適切とされるかを知ることができます。

しかし、実際には、不適切であることを知っていたとしても、その行為を行ってしまう場合もあります。例えば、皆さん自身も経験があるかもしれませんが、どうしても急いでいて、しかも自動車が走ってきていなければ、赤信号でも横断歩道を渡ってしまうこともあるのではないでしょうか。むしろ、誰でも経験があることと言ったほうがよいかもしれません。

もちろん、そのような行為を行う際にも、「赤信号のときに横断歩道を渡ること」は不適切ではないと考えている人はほとんどいません。ただ、「赤信号でも車が来ていなければ横断歩道を渡ること」は不適切ではないと考えている人が少なからず存在するのではないでしょうか。

このような法ではない、つまり、明文として制定されてはいないが、社会に住む多くの人に共通する判断基準を「慣習」と呼びます。これに関して、3つのことに触れておく必要があります。

まず、このようないわば暗黙のルールと呼ぶべきものは他の学問領域においても存在し、それらはしばしば「規範」（あるいは、「社会規範」）と呼ばれたりするようです。しかし、法学の分野で「規範」は、「法」や、ここで言う「慣習」、あるいは、その他の社会に存在するすべての判断基準を総称する言葉として用いられます。ですから、この章では、規範ではなく慣習という言葉を用いることにします。

次に、「慣習」と「道徳」の関係です。道徳も、私たちがある行為が適切であるか不適切であるかを判断する基準であり、慣習と同様に、明文として制定されるものではありません。しかし、慣習（そして法）が、ある人の行動を、他人あるいは社会の観点から評価した結果であるのに対し、道徳はその人にとって理想とする人間像との対比の結果であると言えます。もちろん、道徳の内容が慣習（や法）に反映されることもありますし、慣習（や法）が道徳の根底にある理想の人間像に影響を与えることもあります。ただ、本章では、「法」に対置させる判断基準として、「慣習」を取り上げたいと思います。

最後に、「慣習」と「慣習法」との関係です。「法の適用に関する通則」という法律によれば、ある物事について法が存在せず、しかし、これに関する慣習が存在する場合、この慣習は法として扱われるとされています。このような慣習は「慣習法」と呼ばれます。ただ、慣習法として認められるためには、法が存在しないだけでなく、その慣習の内容が（明文化される）法と同程度に明瞭であり、かつ、社会においてほぼ例外なくその慣習の存在が認められていなければならないとされています。

以上に挙げた、「法」「慣習」「規範」「道徳」「慣習法」の関係を図で示すと、図1－1のようになります。

さて、この慣習ですが、あとでも述べるように、じつは社会において極めて大きな影響力を持っています。しかも、しばしば法と慣習の内容が食い違うことがあるのです。そのことを知っていただくために、表1－1を埋めてみてください。ある行為が、法に基づいて、慣習に基づいて、それぞれ「適切な行為」「どちらとも言えない」「不適切な行為」のいずれに当てはまるか

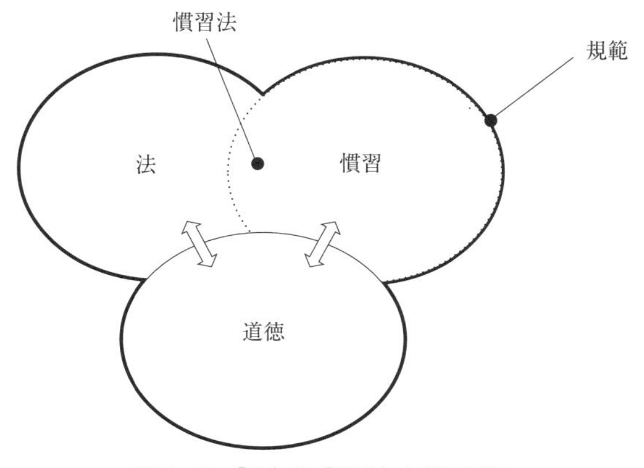

図1－1　「法」と「慣習」などの関係

表1－1　2つの判断基準の比較

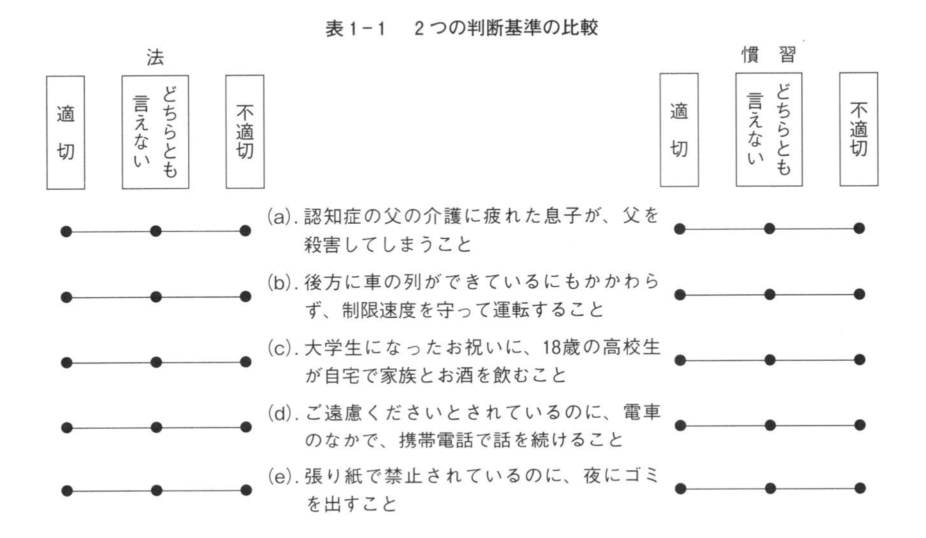

を、皆さん自身で考えてみてください。

該当する点を線で結んで、左側の線が示す形と、右側の線が示す形を比べてみましょう。多くの方が一致しなかったのではないでしょうか。もちろん、(a)～(e)のそれぞれの行為についてどのような法が存在するかを知っている方は少ないでしょう。何を隠そう法学者である筆者も、この文章を書くために、もう一度どのような法が存在するかを調べなおしたのです。ただ、かりに法に関する正確な知識を持っていたとしても、やはり法が示す線と慣習が示す線とは必ずしも一致しないのではないでしょうか。この点をもう少し細かく見てみましょう。

まず、(a)から考えてみましょう。「認知症の父の介護に疲れた息子が、父を殺害してしまうこと」は、理由は何であれ、「意図して人を殺す」という行為に違いありません。そのような行為は刑法という法律が規定する「殺人」に該当する行為です。そして、この法律は「殺人」に該当する行為を行った人に対し、「死刑又は無期若しくは五年以上の懲役」という、極めて重い刑罰を科しています。言い換えれば、法によれば、「認知症の父の介護に疲れた息子が、父を殺害してしまうこと」は不適切な行為とされているのです。また、刑法という法律の名前は知らない方でも、このような行為を法が不適切としていると考えた方がほとんどではないでしょうか。

他方、慣習という観点から見ても、「認知症の父の介護に疲れた息子が、父を殺害してしまうこと」という行為は不適切とされる、と考えた方が多いのではないでしょうか。私たちの社会では子供の頃から命を大切にしなければいけない、（たとえ人でなくても）無益な殺生は慎まなければならないと親や先生から教え諭されています。ですから、やはり「意図して人を殺す」という行為は、法の存在を待たずしても不適切な行為であると考えられているのです。ただ、皆さんのなかには、息子が介護に疲れていたことを重く見て、法の観点と比較すると、いくぶん「どちらとも言えない」よりに点を打った方がいらっしゃるかもしれません。このことを意識しながら、(b) や（c）を考えてみましょう。

(b）の「後方に車の列ができているにもかかわらず、制限速度を守って運転すること」は、法の観点からすると適切な行為となります。一見すると、後方の車に迷惑をかけているようです。しかし、道路交通法という法律は、自動車を運転するときは制限速度を守らなければならないとしており、これに違反した運転手に対しては罰則を科しています。つまり、後方に車が連なっていようと、制限速度を守って運転することは適切な行為なのです。言い換えれば、(b）の行為に関して法律が重視しているのは、「制限速度を守る」という要素なのです。

ところが、慣習の観点から見ると、これを「どちらとも言えない」あるいは「不適切」となると考えた方も多いかもしれません。実際のところ、(b) のような状況で制限速度を厳守して自動車を運転する人は極めて少数であるように思います。筆者自身はこの少数派に属するのですが、しばしば後ろからクラクションを鳴らされたり、後ろの車が反対側の車線にはみ出してまで筆者の車を追い越して行ったりします。また、長年自動車を運転されている方からは、周りに合わせた運転を心がけることが重要である、といった趣旨の発言を聞くことも多いです。もちろん、慣習の観点からでも「制限速度を守る」こと自体が不適切と判断されることはないでしょう。しかし、慣習が重視しているのは「後方に車の列ができている」という要素であり、結果的に（b）の行為は不適切とされる、と考えられているのです。

（c）に関しても同じような状況が見られます。まず、法の観点からすると、その名も未成年者飲酒禁止法という法律が、「満二十年ニ至ラサル者ハ酒類ヲ飲用スルコトヲ得ス」として、20歳未満の飲酒を明確に禁じています。ですから、お祝いであろうと何だろうと「18歳の高校生がお酒を飲むこと」は間違いなく不適切な行為と考えられています。先ほどと同じように法がどのような要素を重視しているかを考えるならば、ここでは年齢を重視しているということになるでしょう。

これに対し、慣習の観点から見ると、（c）の行為は少なくとも不適切とは言えない、と考えた方が多いのではないでしょうか。著者が大学生であった20年前！……くらいには、大学生になったら飲酒が許されるという慣習が存在していたように思います。実際、サークルの新歓コンパでは（未成年者である）新入生にもお酒がふるまわれるというのが一般的でした。ただ、近年では先ほど述べた未成年者飲酒禁止法が改正され、未成年者に酒類を提供した販売者・飲食店などにも罰則が科されることとなったため、販売者・飲食店などが大学生に対して厳しく年齢確認をするようになったことや、急性アルコール中毒による死亡のニュースが広く報道されたことなどから、大学生であっても20歳に達するまではお酒を飲んではいけないという慣習が浸透しつつあるようです。

それでも、少なくとも20歳になるまでは「家の外」ではお酒を飲んではいけないが、「家の中」であればお酒を飲んでよい、という趣旨の発言は、最近でもしばしば耳にします。もちろん、未成年者飲酒禁止法は家の内外を問わず未成年者の飲酒を禁止していますから（なお、未成年者の飲酒を知りながら、これを制止しなかった親権者（親など）にも罰則が科されます）、法の観点からは不適切な行為ということになるでしょう。しかし、法はあくまでも「家の外」の判断基準であり、「家の中」のことは家庭内で決めてよい、という慣習が存在していると考える人も少なくありません。つまり、このような慣習からすると、（c）の行為で重視されているのは、それが「家の中」で行われているという場所的な要素になるわけです。

少し話がそれてしまいますが、法と家庭内での行為との関係は近年大きな問題となっています。それが、しつけの名のもとに行われる子供への虐待行為です。しばしば、ニュースでも耳にするように、言うことを聞かない子供に対して何日間も食事を与えないといった行為です。このような行為は、児童虐待の防止等に関する法律により、明確に不適切な行為とされています。しかし、そういった行為を行う人の多くは、それがその家庭における「しつけ」であるから適切な行為と言える、と考えているのです。もちろん、家庭内の行為のすべてに法が介入することは現実的ではありませんが、子供への虐待やDV（家庭内暴力）のニュースなどを聞くと、やはり一定の範囲で法の介入が必要であると思います。

3　法＜慣習？

話を戻しましょう。このように、法と慣習とは必ずしも同じ内容を有しているわけではありません。ある行為を前にしたとき、法と慣習とでは、その行為に含まれる様々な要素のうち何を重視するかが異なるのです。どうしてそのようになっているのかを一概に説明することは難しいのですが、法は「あるべき」社会の姿を念頭において作られた判断基準であるのに対し、慣習は「今ある、あるいは、これまで存在した」社会の姿をもとに自然にできあがった判断基準であるからと言うことはできるでしょう。

そして、もう１点、実際のところ多くの人は「慣習」に従って日常の生活を送っています。言い換えれば、法の存在をあまり意識していないのです。たしかに法は文章という形で公表されていますが、それを理解するためには専門的な知識を身につける必要があります。これに対し、慣習は日常生活のなかで自然と身につけることができます。例えば、スーパーで商品を手に取って買い物かごに入れたら、それをレジに持っていって代金を支払わなければなりません。もちろん、このことは法にも規定されていますが、かりにそのような法の存在を知らないとしても、代金を支払わずに商品を持ち出してはならないことは誰もが当然のこととして理解しているでしょう。そのため、日常生活においては、より馴染みやすい慣習に従って行為の適切・不適切を判断する人が多いのです。

このような説明を聞くと、法という判断基準は私たちの社会においてあまり役に立っていないのではないか、と思う方もいらっしゃるかもしれません。しかし、慣習にも問題がないわけではありません。それを示しているのが(d)と(e)です。なお、あらかじめ申し上げておきますが、じつは(d)と(e)の判断基準となる明確な法は存在しません。ですから、これらの行為が適切とされるか不適切とされるかは、慣習を判断基準としなければならないのです。

まず、(d)はどうでしょうか。電車やバスなどの公共交通機関に乗ると、乗車中の携帯電話での会話はご遠慮ください、といった放送を聞いたり、張り紙を見たりする機会も多いと思います。ただ、先ほども述べたように、乗車中の携帯電話での会話を禁じる法律があるわけではありません。しかし、1990年代後半に携帯電話が普及し始めるとともに、車内通話に対する苦情が殺到した交通機関が、自主的にこのような放送や張り紙を行うようになったのです。

もっとも、それらの放送や張り紙の多くは「ご遠慮ください」といった比較的やわらかな表現を用いており、暗にそれらの行為が不適切であることを示唆しつつも、断言はしていません。ですから、「電車のなかで、携帯電話で話を続けること」は不適切であるとする慣習が存在するかにはやや疑問が残ります。

しかも、筆者は、数年前に日本に遊びにきた、生まれたときからイングランドで暮らしている親類の発言を聞き、この慣習にさらなる疑問を抱くようになりました。そのとき彼は私とともに電車に乗っていて、車内通話はお控えくださいという放送を聞き、「日本の電車のなかではしゃべっちゃいけないのかい？」とびっくりしていたのです。著者が、あれは携帯電話による車内通話を禁止しているだけなんだと説明すると、さらに疑問そうに、「乗客同士の会話と携帯電話での会話と何が違うんだい」、と漏らしていたのです。

考えてみれば同じ会話なのになぜ一方は適切とされ、他方は不適切とされるのでしょうか。乗車中の携帯電話での会話はご遠慮くださいといった張り紙や放送は慣習の存在を推測させますが、じつはそのような慣習が存在するかは必ずしも明確ではないのです。

次に、(e) を見てみましょう。一部のマンションのゴミ集積場のように、それが屋内にあるのであれば別段、屋外にあるゴミ集積場にゴミを夜から放置すると、野良猫やカラスなどがこれを食い散らかし、ゴミが散乱してしまいます。筆者の家の近くでもたまにそうした光景を目にするのですが、悪臭を放ち、衛生的にも望ましい状況とは言えません。結局、ゴミ集積場に近い家の方がボランティアで清掃をしてくださるのですが、そうしたご迷惑をかけないためにも、「張り紙で禁止されているのに、夜にゴミを出すこと」は不適切であるとする慣習が存在していると考えてもよいでしょう。

ここで一歩考えを進めてみましょう。かりに、夜にゴミを出した人が非常に朝早くから出勤しなければならない仕事をしており、夜以外にゴミを出すことができないとします。その人にとっては朝ゴミを出すことは不可能なわけですから、結局慣習によれば不適切とされる行為を行わざるをえません。もちろん、ゴミを出さないという選択肢がないわけではありませんが、現実的とは言えません。また、夜にゴミを出せる場所に引っ越すという選択肢もありますが、逆に言えば慣習によって住む場所を追われるという結論はあまりに酷な気がします。

ここまでの内容から慣習が持つ問題点をなんとなく感じ取っていただけたかもしれませんが、ここで簡単に２つの問題点にまとめておきます。

慣習が持つ第１の問題は、その存在や内容が必ずしも明確ではない、という点です。私たちが慣習を判断基準として行為の適切・不適切を判断する際、その慣習が存在することが当然であるかのように思っています。しかし、実際のところ各自が思い描く慣習の内容は微妙に異なっており、あるいは、じつはそのような慣習が存在しないということもありえるのです。この点、法は、国会やその他の機関が一定の手続きを経て制定し、その内容は文章化されているわけですから、内容や存否に疑問が抱かれることはありません。

そして慣習が持つ第２の問題は、前にも述べたように、慣習が社会に住む多くの人に共通する判断基準であるがゆえに、それとは異なる判断基準を有している少数の人の利益が無視されがちになるという点です。もちろん、法に関してもこのような問題がまったく排除されているわけではないのですが、自然発生的な慣習とは異なり、一定の手続きを経て制定される法においては、制定の段階で様々な判断基準を考慮し、すべての人が納得できる内容となるよう配慮がされているのです。

このような問題点を考慮すれば、やはり社会における行為の適切・不適切の判断基準の中核には法をすえざるをえないのです。やや手前味噌になりますが、法学という学問の意義はここに見出されるのかもしれません。

4　法＞慣習？

もっとも、現在の法学は、判断基準としての法の意義を過大に評価しすぎているように感じています。言い換えれば、社会に暮らす人々は法に従って適切に行動し、法はあるべき社会の実現に大きく寄与しているという（あえて言ってしまいますが）幻想を抱いているように思います。そのために、精緻な規定を並べ、法を論理化することにのみ邁進しているような気がしてなりません。この章の最後に、そのことを示す実例を１つだけ挙げて、結びに代えたいと思います。

皆さんも、日本を代表するオリンパスや東芝といった企業が粉飾決算を行っていたことは、ニュースなどで聞いたことがあるのではないでしょうか。決算とは企業などの経済状態を外部に報告するものであり、これについて粉飾、つまり虚偽の報告を行うということは、外部の人が企業を正しく評価できず、結果的に私たちの生活に大きな混乱をもたらします。ですから、法は精緻で論理化された規定をいくつも置き、粉飾決算が行われないようにしているのです。

ところが、あまりに精緻かつ論理化されたため、多くの人はその内容を理解できず、結果としてそれらの規定が遵守されない、といった状況が生じています。先ほど挙げた大企業による粉飾決算も、もちろん不適切な行為と知りながら行った者もいるでしょうが、知らず知らずのうちに不適切な行為を行っていたというケースも少なくありません。そして、これまでの法学はそのような状況を前にして、より精緻かつ論理化された規定を置き、これを阻止しようと試みてきました。しかし、結局その試みがいまひとつ功を奏していないことは、相変わらず企業の粉飾決算がニュースを賑わすことからも推測できます。

このような状況を脱却することは簡単ではありませんが、私はそのための１つの視点として、「どのような法であれば人々がそれを遵守したくなるか」、という点を考える必要があるのではないかと考えています。今までの法学は、実際に社会に生きる生の人々の存在を見ることなく、学問としての完結性を重視し、複雑・精緻な規定を置くことばかり考えてきました。しかし、法はあくまでも社会に住む人々のためのものです。いたずらに精緻化・論理化したり、あるいは、厳格化したりしても意味はありません。社会に住む人の誰もがその内容を理解し、それを遵守したくなる規範でなければ、その価値はないのではないかと考えています。

あるべき社会を実現するために法の力は不可欠ですが、それが万能ではないことも忘れてはなりません。なにより社会科学は単なる学問ではなく、社会に住む人々がよりよい生活を送るための手段であることを肝に銘じておかなければならない、ということをお伝えして、この章を終わりたいと思います。

【読書案内】

我妻榮『法律における理窟と人情』日本評論社、1955 年。

この章では、行為の適切・不適切を判断する基準という側面から、法と慣習、そして、それ以外の若干の規範に言及してきました。一般的に大学の法学部では、法と他の規範との比較を学ぶ機会は多くありません（むしろ、個別の法律がどのようになっているかを学ぶ講義がほとんどです）。そのため、参考文献として挙げられる本は多くないのですが、そのなかでも、この本は、法が無味乾燥なものではないことを気づかせてくれるお勧めの１冊です。

末広厳太郎『法学とは何か――とくに入門者のために』青空文庫。
　少し難解ですが、この本は、インターネットを通じて無料で閲覧できるので、時間のあるときに目を通してみるとよいでしょう。

木村草太『キヨミズ准教授の法学入門』講談社、2012年。
　法学という学問を高校生にもわかるように伝えるという意図が明確にされており、大変面白い１冊です。

第2章　「奨学金の回収を強化すべきだ」でよいのか？
――教育社会学から見る奨学金問題

片山悠樹

1　2つの投書

大学生に悩み事や不安を聞くと、「就職」、「アルバイト」、「奨学金」という答えが多いことに気づきます。雇用情勢が厳しいなかで正規雇用に就けるのかという不安、世帯収入が減少するなかで学費や生活費を少しでも稼がなければという悩み。いまの大学生にとって就職は将来への不安であり、アルバイトは現在抱える悩みであると言えます。そして、奨学金は学生生活を送るにあたり経済的に厳しいという現在の悩みと、借りた奨学金を返済できるのかという将来への不安を含んだ問題と言えるでしょう。本章では、大学生にとって切迫した問題となっている奨学金について、教育社会学の研究成果といくつかのデータを提示しながら考えてみたいと思います。

まず、次の投書を読んでください。投書の主は60代男性で（実際には名前が記載されていますが、ここでは伏せました）、奨学金制度に関する意見が書かれています。

奨学金制度、回収が生ぬるい

昭和40年代に大学生活の約3年間、奨学金の貸与を受けた。無利子で月額約3千円だった気がする。家庭教師で月3千円稼ぎ、生活が苦しかった自分にとって、絶大な味方だった。おかげで大学を卒業して就職ができ、いまなお雇用継続の恩恵に浴している。

親の経済能力に限界がある場合は、奨学金制度は素晴らしい効果を発揮する。「貸与でなく給与型の拡充を」とか「無利子の充実を」は総論賛成だが、各論はいかがか。新聞記事は、貸与残高の大きさにがくぜんとする話や失業者の返済困難などをよく載せているが、年数と貸与月額を考えれば返済の総額は自明だし、失業者への猶予問題は全く別の問題だ。

奨学金制度の根幹を害しているのは「支払い能力があっても払わない、返済を優先に考えない人」「自分に合った仕事がないと働かない人」などへの対応ではないか。制度の必要性は揺るがない。回収促進策が生ぬるいのだ。元奨学生だからこそ言わせてもらおう。

（『朝日新聞』2013年7月10日、朝刊、名古屋版）

この投書を読まれて、どのような感想を持たれたでしょうか。「奨学金とはいえ、借りたお金を返すのが当たり前だから、この方の意見はもっともだ」、「元奨学生の経験談を参考にして、奨学金の回収をいまより厳しくするべきだ」と感じた人もいるかもしれません。「奨学金はきちんと返済すべきだが、いまの社会状況を考えると返済が難しい人もいるのだから、回収強化が解決策になるのだろうか」といった意見を持った人もいるでしょう。じつは2週間後、この投書に対して疑問の投書が掲載されました。投書者は50代男性です。

奨学金返済、若者に厳しい

「奨学金制度　回収が生ぬるい」という投書（10日）があった。昭和40年代に無利子奨学金を貸与された方だからこそ理解できないのではないか。

当時月3千円で4年間借りた場合元金は14万4千円。無利子20年返済だと月額返済は600円になる。大卒初任給が2～3万円だったとしても無理な金額ではない。郵便貯金の定期利息は約5%、元金を貯金しておけば20年後には38万円になった時代である。

現在、ゆうちょ銀行の利息は0.03%程度に対し奨学金の多くは有利子で利息は最高３％である。月10万円を借りると元金だけで480万円、毎月２万円もの返済が20年続く。正社員になれたとしても容易な額ではない。年収200万以下の仕事しかない人が返済できなくなるのは必然だ。

「借金してまで大学に行かなくても」という方もいるかもしれないが、高卒の就職募集枠は大変小さくなっている。若者のせいにして「回収が生ぬるい」とするのは、疑問に思う。

（『朝日新聞』2013年７月24日、朝刊、名古屋版）

奨学金をめぐる２つの投書。一方は回収強化に焦点をあて、もう一方は若者の厳しい現実に目を向けています。さらに言えば、一方は自身の経験を頼りに問題を提起し、もう一方は数字をもとに疑問を呈しています。奨学金問題をどのように理解したらよいでしょうか。

この章では、身近であるが、つい見逃しがちな教育の費用について奨学金を題材にして考えてみたいと思います。

2　奨学金と学生生活の変化

いまの日本社会で１人の子供を大学まで卒業させるのにどのくらいの費用がかかるか、ご存じでしょうか。文部科学省の調査から推計すると、幼稚園から高校まで公立で大学が国立の場合は約800万円、幼稚園から大学まで私立だった場合は2300万円ほどの費用がかかります。金額を見れば、子供の教育は非常に高い「買い物」であり、家庭の経済状況が反映されやすいと言えます。しかし、理念的には教育を受ける機会は公平でなければならず、本人の能力や努力では変えることができない要因（家庭の経済状況はその１つ）の影響を可能な限り小さくしなければならないでしょう。奨学金は、そうした理念を達成するための仕組みの１つです。

奨学金の種類は大きく分けて、給付奨学金（グラント）と貸与奨学金（ローン）の２つがあります。給付奨学金は返済不要ですが、貸与奨学金は返済する必要があり、未返済などが問題となりやすいです。日本では、給付奨学金は少なく、貸与奨学金が多いと言われています。給付奨学金として思い浮かぶのは、教員や研究者になることで奨学金の返還を免除する制度でしょう。ただし、その制度も1997年度に大学・短期大学などに入学した者を最後に廃止されました。さらに、2004年の日本育英会から日本学生支援機構への組織改編の際に、大学院進学者でもこの制度を利用することができなくなりました。給付奨学金を見ても、日本の奨学金制度は充実しているとは言い難いのが現状です。

日本の奨学金制度はどのようになっているのか。その現状をいくつかのデータをもとに見ていきましょう。一口に奨学金と言っても、各学校の奨学金や地方自治体の奨学金など、その形態はいくつか存在します。ただ、奨学生のほとんどは日本学生支援機構（旧・日本育英会）の奨学金を利用しています（2013年度では、奨学生数の約76％、奨学金額の約90％が日本学生支援機構です）。そこで、ここでは日本学生支援機構の奨学金の貸与額（月額）と返済額を見てみましょう（表2－1）。

現在、日本学生支援機構の奨学金は、無利子である第一種奨学金と、有利

表2－1　奨学金貸与月額と返済例（平成27年度大学入学者）

			貸与		返済金額と回数	
			月額	総額	月賦額	回数（年）
第一種奨学金（無利子）	国・公立大学	自宅	45, 000	2, 160, 000	12, 857	168（14）
		自宅外	51, 000	2, 448, 000	13, 600	180（15）
	私立大学	自宅	54, 000	2, 592, 000	14, 400	180（15）
		自宅外	64, 000	3, 072, 000	14, 222	216（18）

		貸与	返済金額と回数		
		月額（自由選択）	貸与月額	月賦額 固定金利	回数（年） 年0. 82％の場合
第二種奨学金（有利子）	大学	３万円・５万円・８万円・10万円・12万円から選択	５万円の場合	14, 227	180（15）
	私立大学（医・歯学課程）	12万円を選択した場合に限り、４万円の増額可	10万円の場合	21, 771	240（20）
	私立大学（薬・獣医学課程）	12万円を選択した場合に限り、２万円の増額可	12万円の場合	26, 125	240（20）

出所：日本学生支援機構ホームページより。

子である第二種奨学金があり、表2－1を見ると、貸与金額にはいくつかのバリエーションがあることに気づきます。返済期間も貸与月額に応じてその期間は異なりますが、14年から20年と長期間にわたります。

かつての奨学金（旧・日本育成会）は無利子が中心でしたが、1984年に日本育英会法の改正により有利子枠が設けられたことで有利子奨学金制度が創設されました。有利子枠が設定された際には、「育英奨学事業は、無利子貸与制度を根幹としてその充実改善に努めるとともに、有利子貸与制度は、補完装置とし財政が好転した場合には廃止を含めて検討すること」という附帯決議（昭和59〔1984〕年7月4日衆議院文教委員会）がなされたのですが、有利子奨学金は増加の一途をたどっており（図2－1）、この決議は空手形となっています（奨学金問題対策全国会議『日本の奨学金はこれでいいのか――奨学金という名の貧困ビジネス』あけび書房、2013年）。図2－1を見ると、有利子奨学金が2000年代以降に急増していることがわかりますが、その背景には1999年に採用基準が緩和された「きぼうプラン21」と通称される有利子奨学金の制度変更と、受給者の大幅拡があります（白川優治・前畑良幸「日本」『教育機会均等への挑戦――授業料と奨学金の8カ国比較』小林雅之編、東信堂、2012年）。2000年あたりを境目に、奨学金の貸与総額は拡充しているものの、無利子奨学金から有利子奨学金へと、制度の性格は大きく変化しています。

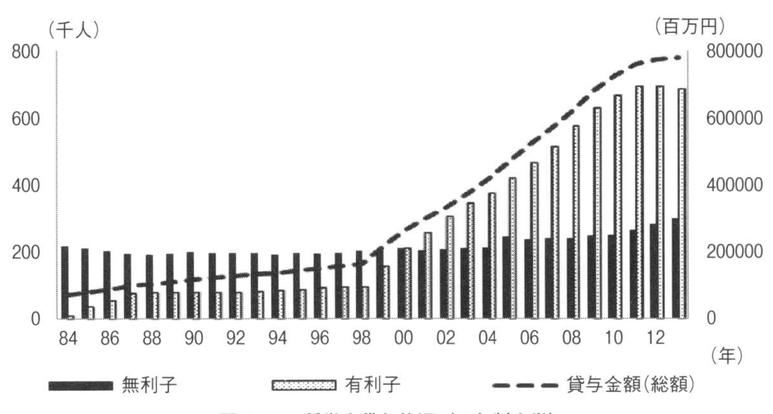

図2－1　奨学金貸与状況（4年制大学）

出所：『日本育英会年報』、『JASSO年報』各年度版より。

有利子奨学金の受給者増加の背景を大学生の側に立って考えれば、学生生活の変化があります。文部科学省が隔年に調査している『学生生活費調査』をもとに大学生の収入の推移を見ると（図２－２)、2000年に入るまで収入総額は上昇しており、収入源のうち最も比重が高かったのは、家庭からの給付でした。ただ、不況の影響もあってか、2000年以降は収入総額と家庭からの給付の比率が減少しています。その一方で、奨学金の比率が上昇しています。1990年代までは親が学生生活を経済的に支える側面が強かったと言えますが、2000年代以降は家庭からの経済的援助が縮小し、そうしたなかで奨学金に頼らざるをえなくなっているのではないでしょうか。

ただし、図２－２だけでは、いまの大学生は奨学金を受給することで親から少しでも経済的に自立しようとしているとも言えます。そこで大学生の支出の状況を見てみましょう（図２－３)。支出総額を見ると、1990年代まで増加傾向にありましたが、2000年代に入ると減少傾向を示しています。さらに、支出の比率を、授業料・修学・通学にかかる費用＝「学費」と、趣味・嗜好品および日常生活費（食費・光熱費などは除く）＝「娯楽・嗜好・その他の日常費」に分けて見ると、学費が占める比率が一貫して伸びていることに気づきます。その一方で、娯楽などの費用は若干減少しています。

家庭からの経済的支援が縮小する一方で、支出に占める学費の比重は上昇を続けているため、大学生は奨学金に頼らざるをえなくなっていると推察されます。しかも、奨学金の多くは有利子ですが、それでも大学生にとって奨学金の受給が不可欠な状況になっていると言えそうです。

ただし、こうした見方にはいくつかの反論があるかもしれません。例えば、学費が問題であるならば、授業料の安い国公立大学に進学すればよいとの素朴な反論もあるかもしれません。ただ、そうした見方は必ずしも正しいとは言えません。というのも、かつて授業料が安かった国立大学も年々授業料が値上がりし、私立大学との差も縮小の一途をたどっています（図２－４)。ちなみに、大学の授業料の高騰は国際的なトレンドであり、高騰にはいくつかの要因があると指摘されています（小林雅之『進学格差――深刻化する教育費負担』ちくま新書、2008年)。

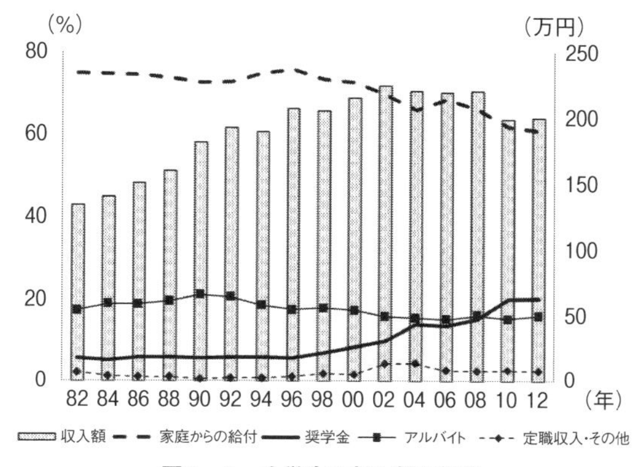

図２−２　大学生の収入額の推移

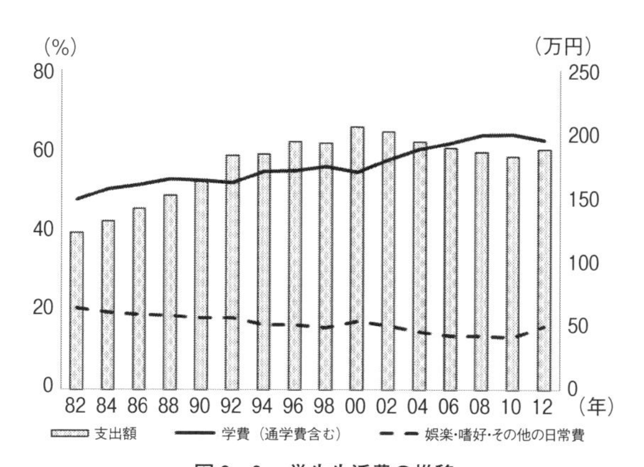

図２−３　学生生活費の推移

出所：『学生生活費調査』各年度版より（大学昼学部）。

あるいは、アルバイトで学費を稼げばよいのではないかという意見もあるかもしれません。働きながら苦労して大学に通った人もいることを根拠に、このような反論を展開する人もいるでしょう。しかも、再び図２−２に目を向けると、アルバイト収入の比率は上昇しておらず、そのことを根拠としてアルバイトに励むのも１つの策だという考え方もできるかもしれません。しかし、データを見る限り、2000年代に限っても、授業期間中、長期休暇中を問わずアルバイトに従事する大学生は増えており（図２−５）、アルバイト

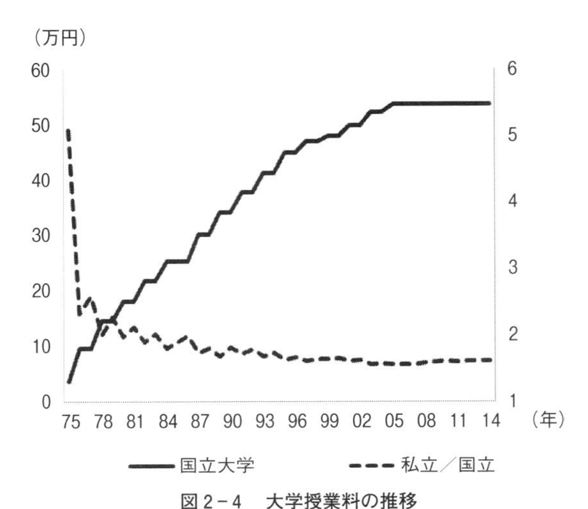

図２－４　大学授業料の推移

出典：「私立大学等の入学者に係る学生納付金等調査結果について」（www.mext.go.jp/a_menu/koutou/shinkou/07021403/__icsFiles/afieldfile/2015/12/25/1365662_03.pdf）より。

による学費の補てんは難しい状況にあると推察されます。近年、社会的な問題となっている「ブラックバイト」で苦しんでいる大学生の状況を鑑みると、アルバイトによる学費の補てんという解決策は、果たして有効と言えるでしょうか。

ほかにも様々な反論があると思われます。例えば、高校卒業と同時に就職する道もあるのではないかという意見です。もちろん、高校卒業後に就職する生徒たちは存在しますが、今の日本では高卒後に就職するのは段々と厳しくなっています。特に、フリーター／ニートが社会的に問題となった1990年代後半以降、大学に進学していない若者たちの就職は一段と厳しいものとなっています。それは、学歴別の求人数の推移からも見ることができます（図２－６）。若者の就職状況が厳しくなり、さらには大学進学率が50％に達するなかで、「無理してまで大学に行かなくてもよい」というのは現実的な意見と言えるでしょうか。かりにそのような意見を主張するのであれば、大学非進学層の就職の問題も考える必要があるでしょう。

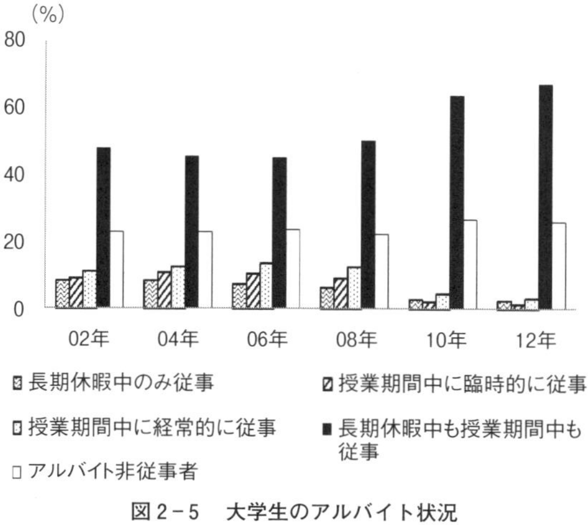

図２−５　大学生のアルバイト状況

出所：『学生生活費調査』各年度版より。

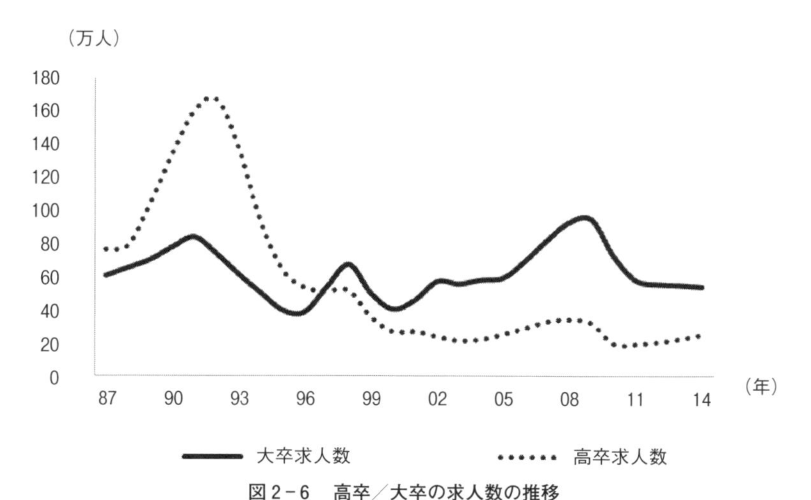

図２−６　高卒／大卒の求人数の推移

出所：『新規学校卒業者職業紹介状況』、『新規学卒者（高校・中学）の職業紹介状況』、『ワークス大卒求人倍率調査』各年度版より。

3　就業状況の変化と未返済

いくつかのグラフから奨学金制度と学生生活の変化について見てきましたが、有利子奨学金の拡大、学費の上昇と娯楽・嗜好費の減少を踏まえると、かつて「レジャーランド」と揶揄されたような「気楽な」学生生活はいまの大学生にはあてはまらないように思えます。ゼミ合宿や飲み会ができないと嘆く教員の声を聞くことがありますが、かつての大学生を基準にすると、今の大学生には金銭的な余裕がないのかもしれません。

ただし、奨学金問題は学生生活の間で終わるわけではありません。むしろ、卒業後の返済のほうが問題となりやすいのです。昨今、新聞などで報道されているように、奨学金未返済が問題となるなかで、回収強化策が進められています。回収強化の流れをごく簡単に示しておくと、財務省や会計監査院が日本学生支援機構の回収は杜撰であると指摘し、2009年10月に初期延滞者への督促架電が民間委託され、翌年2月には債権回収業者による債権回収業務委託が開始されました。さらに同じ年の4月には延滞3ヶ月以上の者の個人信用情報機関への通報制度も始まりました（大内裕和「日本の奨学金問題」『教育社会学研究』96集、2015年）。はたして、回収強化で奨学金未返済の問題は改善されるのでしょうか。

はじめに示した投書では、奨学金のおかげで「大学を卒業して就職ができ、いまなお雇用継続の恩恵に浴している」と書かれてありますが、かつての大学生（特に男性）にとって卒業と同時に企業に就職し（就「職」ではなく就「社」と言うほうが適切かもしれません）、定年まで同一企業で働き続ける、「終身雇用」が望ましいモデルとされてきました。そして、そうしたキャリアを歩んだ者は一定数存在しました。ただ、こうした雇用のあり方は徐々に影を潜め、現在では雇用が不安定化し、大卒層でも正規雇用で働き続けることは難しくなっています。大卒層の雇用の不安定化について、2000年代以降の非正規雇用率の推移（大卒・男子）を例に見てみましょう（図2－7）。図の数値は労働人口に占める非正規雇用を示したものですが、いずれの時期（2002

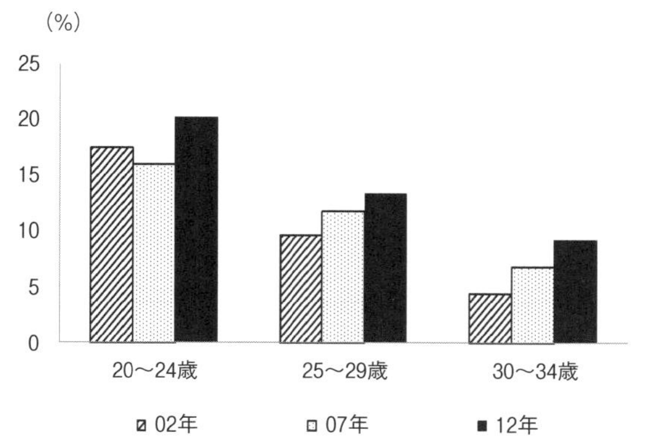

図２−７ 大卒（大学院を含む）の非正規雇用率の推移（男性）
出所：『就業構造基本調査』より。

年・2007年・2012年）も年齢が上がると非正規雇用率が下がることは共通していますが、どの年齢層（20〜24歳・25〜29歳・30〜34歳）でも2012年で非正規雇用率が高くなっています。ここでは男性のみを示しましたが、女性の場合は男性以上に雇用環境が厳しいことは多くの研究で指摘されています。大卒層でも雇用状況が不安定になっており、大学を卒業したとしても、必ずしも安定した雇用が保証されるわけではありません。

雇用の不安定化は、当然ながら奨学金の返済に影響を及ぼします。表２−１で示したように、第一種奨学金であれば１万3000円から１万4000円程度の金額を14年から18年間毎月支払い、第二種奨学金であれば金額も期間も増加します。12万円貸与の場合は２万6000円を20年間毎月支払うことになるわけです。14年から20年間支払い続けるには、継続的な雇用が前提であり、病気やリストラなどで一時的にでも職を失うと途端に支払いが厳しくなります。雇用が安定しない状況下では、この額がいかに厳しいかは容易に想像できるでしょう。

こうした状況を端的に表しているのが、奨学金の延滞者と非延滞者を比較した図２−８と図２−９です。ここで掲載しているデータは大学生だけではなく、すべての学校段階の生徒・学生が含まれていますが、非正規雇用・任期付雇用や失業の場合に延滞者の割合が高くなり（図２−８)、多くが収入200

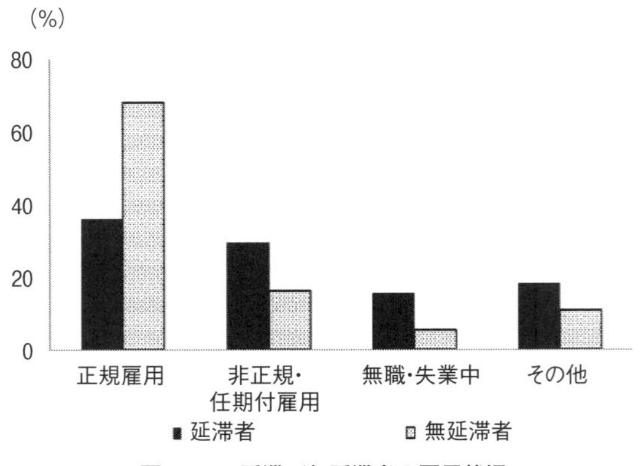

図2－8　延滞／無延滞者の雇用状況

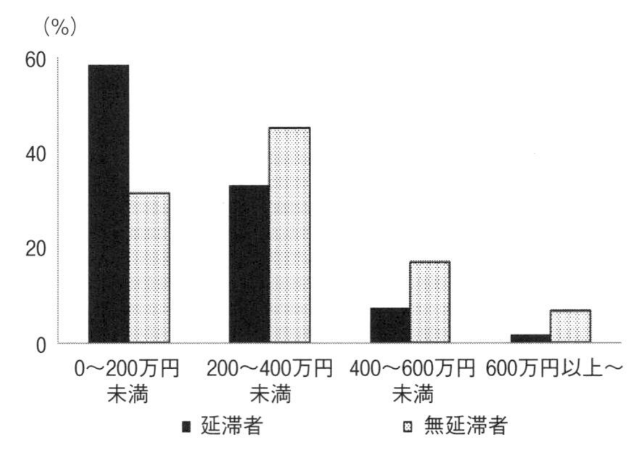

図2－9　延滞／無延滞者の本人収入

出所：「平成25年度奨学金の延滞者に関する属性調査結果」（http://www.jasso.go.jp/statistics/zokusei_chosa/25_chosa.html）より。

万円未満にとどまっています（図2－9）。もちろん、一定以上の収入があるにもかかわらず、延滞している人がいることは図よりうかがえます。「回収促進策が生ぬるい」という主張は、こうした一部の状況を根拠としているのかもしれません。ただし、2つの図から推察する限り、大部分の延滞者の背景には不安定な雇用状況や収入の低さがあることは想像できるでしょう。

奨学金の返済が厳しくなるなかで、回収強化を主張することは別の問題を引き起こす可能性があります。その1つが、ローン回避というものです。ここでも、投書（高校生・女性）を紹介してみましょう。

募る進学の夢、消えぬ学費の不安

「大学無償化　ぜひ日本も実現を」（22日）を読んだ。私は今、高校3年生だ。学校で6月、大学に進学すれば利用する予定の貸与型奨学金の申し込みを済ませた。採用されるかはわからないが、採用されたくないもう一人の自分がいる。採用されなければ大学に行けなくなってしまう。でも、採用されると、私は大学入学と同時に借金を背負うことになるのだ。

大学で日本文学を学べるのを楽しみにしている。でも、奨学金の返済を考えると気が重い。大学生になりたくないとも思ってしまう。4年間ちゃんと学び、就職して奨学金をしっかり返済できるのだろうか。就職の厳しさや、奨学金の滞納が増えているというニュースに触れると不安になる。

大学の学費は高すぎると思う。大学の実情はあまり知らないが、文系の学生が大学の講義に行くのは週に3、4日ほどと聞く。私たち高校生よりも勉強をしていないように感じる。それなのに学費は高校よりも高い。私は将来、文学に関する仕事に就きたい。だから、大学できちんと学ぶことが必要だ。大学が無償化にならないだろうか。お金のことで、将来の夢を邪魔されたくない。　（『朝日新聞』2014年8月28日、朝刊）

先にも述べたように、日本では給付奨学金がほとんどなく、貸与奨学金が主流です。貸与奨学金の問題点は、将来の返済を考え、奨学金を回避することだと指摘されています。しかも、欧米の調査によれば、回避するのは、将来への負担を恐れる低所得層に多いということです。ある調査の結果によれば、日本でもそうした問題が生じている可能性があると指摘されています（小林雅之編『教育機会均等への挑戦――授業料と奨学金の8カ国比較』東信堂、2012年）。大学の授業料や生活費など大学生活にはかなりの金額がかかります。そうしたなかで、回収強化を闇雲に打ち出すのは、低所得層のローン回避の問題を引き起こしかねません。そもそも奨学金制度は教育機会の均等を目指すものであり、ローン回避という事態は奨学金の理念から離れる結果となります。それでも、回収強化を主張することは妥当なのでしょうか。

4　「私」の経験から「私たち」の経験へ

この章では奨学金問題を扱ってきましたが、2016年4月時点の報道によると政府は無利子奨学金の拡充や所得連動型返済（卒業後の所得に応じて返済額が決まる）の導入を検討するなど、この問題は現在進行形で動いています。たしかに、奨学金制度は未返済の問題を抱えていますが、単に回収強化策を打ち出すだけでは、奨学金が借金とイメージされてしまい、奨学金を回避することで経済的な事情による大学進学の断念という事態を引き起こしてしまうかもしれません。特に、低所得層でそうした事態に陥る可能性が高いと予想されます。それは、奨学金の理念とは反対の、教育機会均等への阻害につながってしまいます。OECD（経済協力開発機構）の最新の調査結果によると（OECD 2014, Education at a Glance）、日本はGDPに占める高等教育への公的支出の割合はOECD諸国のなかで最低レベルにあります（32ヶ国中31位で、OECDの平均の半分にも満たないのが現状です）。たしかに、現在の日本の財政事情では教育予算が大幅に増える可能性は低いかもしれませんが、上で挙げたような無利子奨学金の拡充や所得連動型返済の導入、さらには給付型奨学金など工夫の余地はまだまだあります。「借りた奨学金は返すのが筋だ」と主張するだけでは、経済的に苦しい者は借金したらよいという考えを正当化するだけで、公的支援を通じた格差是正への動きを鈍らせてしまい、奨学金本来の目的を見失ってしまうことにならないでしょうか。皆さんはどのようなお考えをお持ちでしょうか。

本章を通じて皆さんに伝えたいことは、社会問題を考える際に個人の経験をどのように活かすのかということです。

ある出来事や事柄に関心を持つにあたり、個人の経験は深くかかわります。

経験したことのないことに対して、ある日を境に突然関心を抱くということはなかなかありません。社会問題に関心を持つ際にも、個人の経験がきっかけとなります。はじめに示した投書者も「元奨学生」という自らの経験に基づいて、奨学金問題に対して意見を表明していました。投書者の経験が奨学金に対する関心の根底にあり、「回収促進策が生ぬるい」という意見につながったのでしょう。その意味で、個人の経験は社会問題を眺める「小さなファインダー」になりえます。

ただ、個人の経験はファインダーにはなりますが、その使用には注意が必要です。なぜかと言えば、個人の経験が社会の状況に合致しない可能性があるためです。当たり前ですが、「私」とは異なる価値観や規範を持つ他者が社会にはたくさん存在し、「私」の経験とは異なる経験が社会には溢れています。だからこそ、個人の経験を大切にしながらも、「私」と「社会」の類似点と差異を理解し、社会問題を観察する姿勢が必要となるのです。

そうだとしたら、「私」と「社会」の類似点と差異をどのように理解すればよいでしょうか。思いつくままにその方法を挙げてみても、インタビュー調査、アンケート調査、文献購読など、いくつかあります。誰でもアクセスできる公的なデータの利用も、そのうちの１つです。本章では公的なデータをいくつか利用しましたが、この方法は特別難しいというものではありません。本章で示した２番目の投書はいくつかの数字からはじめの投書に反論を試みていますが、そのすべてが公的なデータから導き出されたものです。筆者も本章を書くにあたり、インターネットあるいは公共図書館ですべてのデータを入手しました。皆さんも本章と同じグラフを作成することができます。

社会問題を考える際、「個人の経験に偏らないように」と言われた経験はないでしょうか。たしかに、個人の経験に基づいた議論だけでは問題があります（筆者が研究対象とする教育では個人の経験のみに基づいた議論が目立ちます）。個人の経験に閉じこもると、自身の経験が社会の状況とズレていることを見逃してしまう可能性があります。しかし一方で、個人の経験からまったく離れた議論だと、自身の経験と社会の状況がリンクすることなく、社会問題を「ここではない、どこかの問題」とみなし、無関心な態度に陥ってしまいがちです。必要なのは、「私」の経験はきっかけであると自覚しながら、「私」以外の他者の経験も理解する姿勢です。そうした意味で、公的なデータの活用は有効な方法です。皆さんも、様々なデータを収集し分析することで、「私」の経験から「私たち」の経験へと視野を拡張し、社会問題を考えてみてください。

【読書案内】

ピーター・L・バーガー『社会学への招待　普及版』水野節夫・村山研一訳、新思索社、2007年。

「当たり前だと思っていたことが、じつは当たり前ではなかった」。そんなことを教えてくれる1冊。文体は刺激的であるが、社会学というあまり耳慣れない学問がどんなものなのかを垣間見せてくれる。

ポール・ウィリス『ハマータウンの野郎ども』熊沢誠・山田潤訳、ちくま学芸文庫、1996年。

この本の主役は、労働者階級出身の若者たち（男性）である。彼らは学校に対して反抗的であるのだが、日本のような「落ちこぼれ」とは少し違う。学校的価値を内面化していない彼らの反抗は逞しいものである。ただ、マクロな視点から見ると、どのような帰結となるのか。

苅谷剛彦『大衆教育社会のゆくえ』中公新書、1995年。

教育を語る際、平等は重要なキーワードとなる。しかし、私たちはどのような観点から教育における平等を論じてきたのだろうか。教室のなかで子供たちを「同じように」扱うことが平等であると考えるあまり、見失った視点は何であるのか。教育における平等を考えるきっかけになる。

第３章　いかにして「嫌いな相手」と新しい関係を創り出すか？

——社会学からシステムとして見る人間関係の悩み

矢部謙太郎

１　人ではなく関係に注目する

本章では、社会学という学問領域から人間関係の悩みをシステムという観点で考えてみましょう。

ところで、私たちは日常生活の様々な場面で、様々な人たちと接しながら生きています。例えば、家庭や学校、職場、通勤通学に利用する電車内、街の通り、エレベーターのなかといった様々な場面で、親や兄弟、友人や知人、職場の同僚や上司、近所の人、通りすがりの見知らぬ人といった様々な人たちと、私たちは接しています。これらの場合、時間と空間を共有している対面関係のなかで人と接していると言えるでしょう。もしかすると、ひとり暮らしで自室からほとんど外出せず、ほぼ誰とも対面することのない生活を送っている人もいるかもしれません。そうした人であっても、電話で人と会話しているのであれば、また、自室にいながらツイッター（Twitter）やフェイスブック（Facebook）といったSNSを通じて、友人や知人、さらには見知らぬ人、匿名の人とメッセージのやりとりをしているのであれば、時間と空間を共有しない非対面関係であっても、人と「接している」と言っていいかもしれません。

そのように様々な仕方で接している相手に対して、しかしながら、私たちがつねに好意を持っている、友好的な関係を築いているとは限りません。当たり前のことかもしれませんが、聖人君子でもない限り、程度の差はあれ、

「嫌いな相手」が出てくることもあるでしょう。「嫌い相手」は言いすぎでも、「苦手な相手」「その人の前では自然でいられない相手」がいないでしょうか。もしかすると、あなたが学生であれば、家族や友人、恋人、所属するサークルやセミナーのメンバー、アルバイト先の同僚などに該当する人がいるかもしれません。あなたが社会人であるなら、職場の同僚や後輩、上司、取引先の相手、顧客などに「苦手な相手」がいるかもしれません。そうした「嫌いな相手」「苦手な相手」「その人の前では自然でいられない相手」に対して、皆さんはどのように対応しているでしょうか。

「嫌いな相手」への対応の仕方は2つに分けられるのかもしれません。第1に、嫌いな相手とのかかわりをなるべく回避しようとする、さらには、かかわりを断つという対応が挙げられます。例えば、コンビニエンス・ストアでアルバイトしているあなたに、苦手な同僚がいるとしたら、その同僚と同じ時間にシフトに入ることを避けるよう店長に働きかけるかもしれません。場合によっては、そのアルバイト先を辞める選択をするかもしれません。

ところが、もし一緒に住んでいる家族のなかに、「嫌いな相手」がいたらどうでしょう。例えば、母親が嫌いだからといって、家のなかで接触を回避するのは少し難しいかもしれません。家出でもするしかないかもしれません。あるいは、職場の上司が「嫌いな相手」だった場合も、接触を回避するのは、なかなか困難かもしれません。嫌いだからといって、所属する部署を変えてもらうよう異動を申し出るのは難しいでしょうし、いっそ会社を辞めようとしても、転職のリスクを考えてためらうこともあるでしょう。このように、「嫌いな相手」「苦手な相手」とのかかわりや接触を避けることが難しい場合、あなたはどのように対処しますか。ましてや、職場の上司に対してのように、嫌悪感を露わにすることがためらわれ、むしろ、相手との良好な関係を維持していることが望まれるような状況で、あなたはどのようにこの困難を切り抜けますか。

おそらく、この場合、「嫌いな相手」への第2の対応の仕方として、嫌いな上司の前では、あくまで「尊敬している」「忠誠心を持っている」という演技をしつつ、他方、上司のいないところでは、上司への嫌悪感という本音を同僚に吐露して、あわよくば、上司への悪口を同僚と共有し、同僚に共感してもらおうとする。こうした対応の仕方もあるでしょう。この場合、上司の前という状況は、いわば、本音を隠して演技をするという「舞台」であり、上司のかげぐちを同僚と言い合う状況は、演技をやめて本音を吐露できる「楽屋」と言えます。このように「舞台」と「楽屋」を使い分けるというやり方は、かかわりや接触を避けることが難しい「嫌いな相手」への対応の仕方として、日常的によく用いられているでしょう。ちなみに、E・ゴフマンという社会学者は、演技としてのコミュニケーションを行う「舞台」と、演技をやめて本音を吐露する「楽屋」という２つのリアリティを生きている、こうした私たちの日常生活について考察しています。

ところで、「嫌いな相手」に対してかかわりや接触を避けるという第１の対応であれ、「舞台」と「楽屋」を使い分けるという第２の対応であれ、両者には、ある１つの共通点があるかもしれません。それは、問題を「人」のせいにしている点です。例えば、自分が上司を嫌いになる理由を、「上司は頑固だから」といったように上司側のせいにするという見方、問題はもっぱら相手側の資質や性格にあるという見方です。問題は「相手」の側にあって、相手の資質や性格が変わらなければ、そして、こちらの働きかけによっても改善しなければ、なるべく相手とのかかわりや接触を避けるか、「舞台」と「楽屋」の使い分けで対応するしかない。こうした判断があるのではないでしょうか。もちろん、「人」のせいにすることが悪いわけではありません。ただ、「嫌いな相手」に頭を悩まされているという問題を解決しようとするとき、この「人」のせいにするという見方は、あまり役立たないかもしれません。

そこで、本章では、問題を「人」のせい（相手のせい）にするのではなく、自分と相手との「関係」のせいと考えてみるアプローチ、「関係」に注目するアプローチを紹介してみたいと思います。頭を悩ませている「嫌いな相手」との関係が、どのような仕組みで生じているのか。そして、「嫌いな相手」との関係を変えようとする場合、すなわち、問題の関係を解消して新しい関係を築こうとする場合、どのような方策がありえるのか。そもそも、

「関係」を変えることなど果たして可能なのか。以下で、考えてみたいと思います。

2　関係の盲点を可視化する

「関係」に注目するにあたって、実際にあった事例、父との関係に悩んでいた学生Ａ君の事例を紹介します。家族とともに父と同居しているＡ君は、ここ数年、父と話をしたいと思い、実際こちらから話しかけているにもかかわらず、「こちらの話を聞いていない」「問いかけても応じない」「不機嫌で険しい表情である」という父の態度に頭を悩ませていました。こうした父の態度を見るにつけ、Ａ君は「父は自分に興味、関心がない、自分を拒絶している」と判断し、なぜ父が自分に無関心で、自分を拒絶するのか、その理由を知ろうと、そして自分に関心を持ってもらおうと、よかれと思って父にたびたび話しかけてみました。ところが、Ａ君を拒絶する父の態度はいっこうに変わらないばかりか、むしろますます拒絶する傾向が強くなっていきました。その結果、父に対してＡ君は、「もっと話を聞けよ」「何を考えているかわからない」「同じ部屋にいたくなくなる」という不満をますます募らせるのでした。

Ａ君の抱えるこの問題を「人のせい」という見方で捉えるならば、例えば、「子供（自分）に無関心」という父のそもそもの性格のせいと考えることもできますし、あるいは、父が「会社での疲れ、不機嫌を家に持ち込むタイプ」だからと解釈することもできます。もちろん、その可能性は排除できません。Ａ君もそのように考えていました。

しかし、ここでは、「人のせい」という見方をいったん横において、「関係のせい」という見方から捉えてみましょう。そもそも「関係」とは何でしょうか。モデルとして以下の図３−１を見てください。

図３−１で示されているのは、「自分の行動」を相手が理解して（相手側の理解）、そのうえで相手が自分に行動を起こし（相手の行動）、それを自分が理解して（自分側の理解）、また相手に対して行動を起こす（自分の行動）と

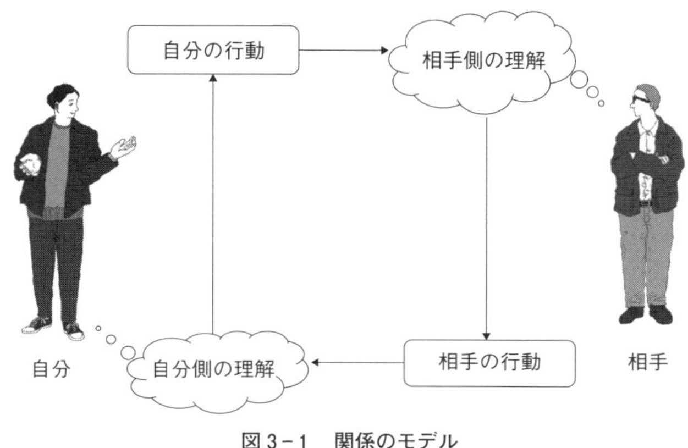

図３−１　関係のモデル

いうプロセスを示した「関係のモデル」です。自分が投げたボールを相手が受け取り、投げ返してくれるので、こちらも受け取ってまた相手に投げるといった、キャッチボールのようなプロセスを示しています。

ところで、「自分の行動」「相手側の理解」「相手の行動」「自分側の理解」の４つのうち、「自分」が見ることのできないもの、知ることのできないもの、いわば盲点が２つあります。それは何でしょうか。１つは「自分の行動」です。もちろん、自分が相手に対して意図して行った言動については自分で知っています。話しかけようと意図して相手に話しかけた場合、話しかけたという自分の行動、および自分の話した内容自体は自分で知っているでしょう。しかし、こちらの意図を超えたメッセージ、さらには、こちらの意図と正反対のメッセージが、自分の表情や口調、姿勢などから醸し出される全体の雰囲気を通じて、相手に伝わっている可能性もあります。わかりやすい例としては、自分は決して怒っていないということを相手に伝えようと意図して「私は全然怒っていないよ」と発話したとしても、こちらの意図と正反対の「実際は怒っている」というメッセージが、こちら側の表情や口調を通じて相手に伝わっている場合が挙げられます。いずれにしても、相手が自分を見ているようには「自分の行動」を見ることはできないという意味で、「自分の行動」が自分にとって盲点になっています。

もう１つの盲点は「相手側の理解」です。相手が「自分の行動」をどのように理解しているかという「相手側の理解」も見ることができません。ましてや、前述のとおり、こちらの意図を超えるメッセージが、自分の意識していない表情や口調などを通じて、知らぬ間に相手側に伝わっている可能性があるので、すなわち、相手から見る「自分の行動」が自分で見えないので、当然のこと、相手が「自分の行動」をどのように理解しているかという「相手側の理解」はもう１つの盲点になります。

ここで、父との関係に悩んでいた学生Ａ君の事例に、図３−１の「関係のモデル」を当てはめてみると、以下の図３−２のようになるでしょう。

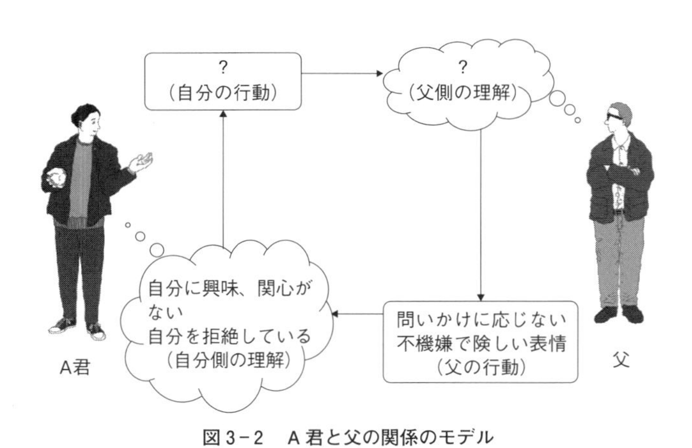

図３−２　Ａ君と父の関係のモデル

図３−２で示されているとおり、Ａ君にとって、「問いかけに応じない」「不機嫌で険しい表情」という父の行動は見ることができ、また、父の行動についての「自分に興味、関心がない」という自分側の理解も明白です。しかし、「自分の行動」が父からどう見えているかはわからないし、それを見て父がどう理解しているかという「父側の理解」も盲点になっています。Ａ君にとって盲点であるこの「自分の行動」「父側の理解」が少しでも明らかになれば、それによって父との循環の関係が見えてくれば、もしかすると、Ａ君の悩みの解決の糸口がつかめてくるかもしれません。

ところで、盲点である「自分の行動」を明らかにすることで、もう１つの盲点「相手側の理解」を推測し、それによって人間関係の悩みの解消を目指すあるワークが、2013年に開発されています。「関係コンディショニング・ワーク」（以下 RCW）と名づけられたこのワークのやり方を、筆者自身も学んでみました。筆者自身、自らの人間関係について実施する他、人間関係の悩みを解決したいと望む人に、コーチングとしてワーク実施のサポートをすることもあります。父との関係に悩んでいたＡ君にも、彼の希望に応じて、RCW 実施のサポートをしてみました。RCW の詳細な手順の紹介はここでは省きますが、実施後、Ａ君にとって盲点である「自分の行動」、すなわち、父に対してＡ君自身の無意識のうちに醸し出している雰囲気、トーンが明らかになりました。それは、「あきらめたくない」というものでした。「父が自分に無関心である理由を知ることをあきらめたくない」「父と話せるようになることをあきらめたくない」というメッセージが、表情や口調、姿勢などを通じた全体的な雰囲気として、父に対して醸し出されている可能性があるということでした。

次に、この「あきらめたくない」という「自分の行動」（自分の雰囲気、トーン）が、父に伝わっている場合、はたして、父がそれをどう理解しているかという「父側の理解」を推測していきます。このとき、Ａ君にとって明白な「父側の行動」、すなわち「問いかけに応じない」「不機嫌で険しい表情」につながりうる「父側の理解」とは何だったのかを探っていきます。結果、「父側の理解」とは、「あきらめの悪い奴だ」「うっとうしい」「面倒くさい」と推測されました。「問いかけに応じない」「不機嫌で険しい表情」という「父側の行動」も、それゆえに引き起こされるものと考えられました。以下の図３−３を参照してください。

図３−３で示されているのは、盲点だった「自分の行動」と「父側の理解」の内容が埋められたというだけでなく、Ａ君にとって望ましくない循環、いわば「悪循環」が形成されているということです。すなわち、「父が自分に無関心である理由を知ることをあきらめたくない」というＡ君の雰囲気を感じ取った父は、それを「Ａはあきらめが悪い。問い詰められそうで、うっとうしい」と理解し、「問いかけに応じない」「不機嫌な表情」という行

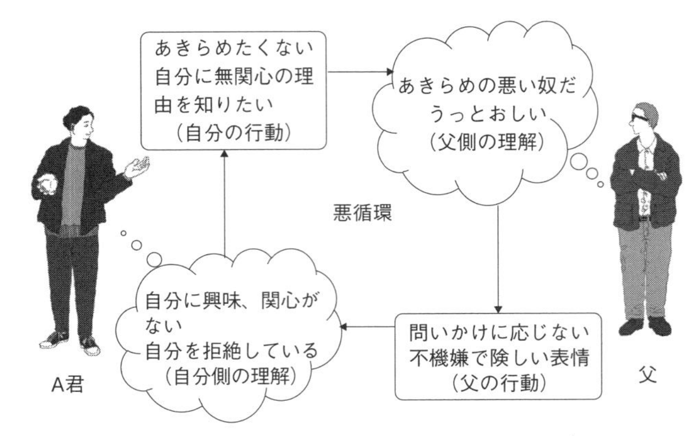

図3－3　盲点が埋められたＡ君と父の関係のモデル

動をＡ君に対して起こします。それを見てＡ君は「父は自分に無関心」と理解し、「その理由の探究をあきらめたくない」という雰囲気をますます強く醸し出してしまうという悪循環。そうした悪循環に巻き込まれていたことをＡ君は自覚しました。ここにいたって、Ａ君は自分を数年間悩ませてきた父の行動「問いかけても応じない」「不機嫌で険しい表情である」は、父の性格や資質のせい、仕事の疲れを家に持ち帰っているせいというよりも、むしろ「悪循環」のせいであった、そして、他ならぬ自分自身の無意識に醸し出していた雰囲気「あきらめたくない」がその悪循環を促進していた、と腑に落ちたようでした。その結果、この悪循環のなかにあっては、「問いかけても応じない」「不機嫌で険しい表情である」という行動を父が自分に示すのも無理はないと納得したＡ君。父に対するこれまでの嫌悪感は解消したようです。

3　「技術的な問題」と「適応を要する問題」

さて、Ａ君の事例に触れて、皆さんはどう思いましたか。「嫌いな相手」に頭を悩まされているという問題が、もっぱら相手のせいというわけではなく、悪循環のせい、それも、あろうことか自分自身も無意識に片棒をかついでいた悪循環のせいであると結論づけるのは、到底納得しがたいという人もいるでしょう。自分も相手も、ともに知らないうちに悪循環を作動させていた、いわば共犯だったと考えることには、たしかに抵抗があるかもしれません。また、人によっては、Ａ君の事例は、たまたま、父に対するＡ君の嫌悪感の解消という解決にいたったかもしれないが、悪循環の自覚によって、すべての人間関係の悩みが必ず解決されるわけではないだろうと思った方もいるでしょう。それはまったくそのとおりです。悪循環を自覚したあとでも、相手への嫌悪感が払拭できず、相手とのこれまでの悪循環に戻ってしまう場合もあります。

ただ、この事例を通じて皆さんの注意を促したいのは、そこではありません。頭を悩ませる父との関係という問題を解決する際に、Ａ君がどのようなスタンスをとることになったか、正確に言えば、どのようなスタンスをとらざるをえなかったか、ここに注意を向けてみてください。すると、問題解決に取り組む際のスタンスとして、以下の３つが指摘できるでしょう。

第１のスタンスは、「自分は問題の当事者である」という自覚です。図３−３で示された悪循環のとおり、頭を悩ます父との関係という問題の形成に、父だけではなくＡ君自身も一役買っていたということ、いわば、「自分は問題の内側にいる」ことを、Ａ君は自覚せざるをえませんでした。その前提にあるのは、Ａ君と父は、相互に影響を及ぼし合っているという認識です。Ａ君と父は、決して、アスファルトにばらまかれた砂粒ひとつひとつのように各々別個に独立して存在する要素ではなく、お互いに働きかけ合っている要素であるという認識です。ちなみに、「自分は問題の当事者である」というスタンスの対極にあるのは、「自分は問題の当事者ではない」「自分は問題の外側にいる」というスタンスです。このスタンスを採用する場合、当人は、問題に影響を与えない観察者、傍観者として問題を取り扱うことになるでしょう。

第２のスタンスは、「問題解決のためには自分のこれまでの認識枠組を手放す必要がある」というスタンスです。そもそも、Ａ君は、RCW というワークの実施前、問題の責任は一方的に父の側にあると考えており、前述のように、父に対して「子供（自分）に無関心」な性格で、「会社の疲れを家に持ち込むタイプ」という認識を持っていました。「悪循環」に自分も加担していると自覚して、A君は初めて「自分が問題の当事者である」という認識を持ち、結果的に、「問題は父の性格にあり」とするこれまでの認識枠組を手放さざるをえなくなったと言えます。このスタンスの対極にあるのは、「自分のこれまでの認識枠組を手放すことなく問題解決できる」というスタンスです。もし、A君が、このスタンスをとっていたら、どうなったでしょうか。父に対して「あきらめたくない」という無意識の雰囲気を発していることを自覚せず、父に対するこれまでの認識枠組を維持したまま、例えば、良かれと思って、論理的な説明のスキルを向上させて、こちらの話に関心を持ってもらおうと試みても、あるいは、父の会社に訪問し父の仕事上の疲れを理解しようと試みても、関係を良好化させるどころか、むしろ、A君に対する「うっとうしい」という父の理解は強化され、悪循環を強化させるだけでしょう。「問題は父の性格にあり」という過去の認識枠組を手放すことなく問題を解決することはできません。

第3のスタンスは、「問題が解決された状態をあらかじめ予想、先取りすることはできない（問題解決による到達点を見通すことはできない）」という認識です。A君は、父との「悪循環」に自らも加担していたと自覚した結果、父に対するこれまでのA君の嫌悪感は払拭されました。しかし、父に対するこれまでの認識枠組を手放したとしても、はたして実際に「悪循環」から脱出できるのか、脱出できたとして、その後実際にどのような「新しい関係」が生まれるのか、あらかじめ予想することはできません。じつは、RCWというワークの実施後、筆者はA君に、もし可能であれば父に対して「自己開示」をしてみては、と提案してみました。「自己開示」とは、これまで父に対して嫌悪感を持っていたこと、そして、その原因が悪循環にあり、自分もその悪循環に加担した結果、自分にとって嫌な言動を父にとらせていたということ、そしてそれについての謝罪を、父に打ち明けることです。後日、A君が父に自己開示したところ、父は「正面で向き合っていこう」「やりたいことをやれ」「応援する」「お互い納得のいく結論に着地するまで、とことん議論しよう」と返答してくれたそうです。その後、A君と父は、ほぼ毎日リビングでともに晩酌しながら、ときに３時間以上も話し合う関係になったそうです。このような「新しい関係」が到来することなど、あらかじめ予想することは誰にもできません。自己開示を決定的な契機として「悪循環」を手放すことで生じた余白に、思いがけない「新しい関係」が招来されたと言えるかもしれません。いずれにしても、「問題が解決された状態をあらかじめ予想、先取りすることはできない」というスタンスをA君がとらざるをえなかったことは間違いないでしょう。こうしたスタンスの対極にあるのは、「問題が解決された状態をあらかじめ予想、先取りすることはできる（あらかじめ到達点が見える）」というスタンスでしょう。

以上、頭を悩ませる父との関係という問題を解決する際に、A君がとらざるをえなかった３つのスタンスすべては、じつは、R・ハイフェッツというリーダーシップ研究者の言う「適応を要する問題」に取り組む際のスタンスです。「適応を要する問題」とは、自分が適応して立ち向かわないと解決できない問題、自分の認識のレンズである認識枠組を変容させないと解決できない問題のことです。認識枠組の変容とは、自分の認識のレンズだったもの（自分を暗黙のうちにコントロールしてきたもの）を、認識の対象（自分がコントロールするもの）にすることです。A君はまさしく、父を認識するレンズ（暗黙のうちに装着していた）を、「認識の対象」として取り外すこと（コントロール）ができたという点で、「適応を要する問題」に取り組んだと言えるでしょう。

他方、先に、A君の３つのスタンスそれぞれの対極にあるスタンスを指摘しましたが、対極にあるこの３つのスタンスを採用することで解決が見込まれる問題は、ハイフェッツの言う「技術的な問題」と言えます。自分の認識枠組を変容させずに維持したまま、直線的に知識を増やし技能を習得していけば解決が見込まれる問題のことです。以下に「技術的な問題」「適応を要する問題」それぞれに取り組む際の３つのスタンスをまとめます。

「技術的な問題」
(1) 自分は問題の当事者ではない（自分は問題の外側にいる）
(2) 自分のこれまでの認識枠組を手放すことなく解決できる
(3) 解決された状態（到達点）をあらかじめ予想、先取りできる
「適応を要する問題」
(1) 自分は問題の当事者である（自分は問題の内側にいる）
(2) 自分のこれまでの認識枠組を手放さないと解決できない
(3) 解決された状態（到達点）をあらかじめ予想、先取りできない

肝心なのは、いま自分が直面している問題が、既存の認識枠組のなかで解決できる「技術的な問題」なのか、それとも、既存の認識枠組を対象化し手放すことで解決が見込まれる「適応を要する問題」なのか、峻別する必要があるということです。何も「技術的な問題」とみなすことが悪いと言っているのではありません。ただ、人間関係の悩みに関しては、「技術的な問題」というより「適応を要する問題」とみなしたほうが、解決の糸口を見出せることが多いでしょう。

4　システムとしての関係

本章では、学生A君の事例を通じて、「嫌いな相手」に頭を悩まされているという問題を、「人のせい」「相手のせい」ではなく、「悪循環という関係のせい」と捉えてきました。じつは、こうした捉え方は、自分と相手との関係を「システム」と捉える見方を土台としています。「システム」という言葉は難しく聞こえるかもしれませんが、定義は極めてシンプルです。「システム」は、端的に以下の3種類のものから成り立っています。図3-4を参照しながら理解してください。

1つ目は、「要素」です。A君の事例であれば、「A君（自分）」と「父」をそれぞれ、両者間の関係というシステムを構成する「要素」とみなすことができます。要素といっても「物体」とは限らず、形のないものも要素とみ

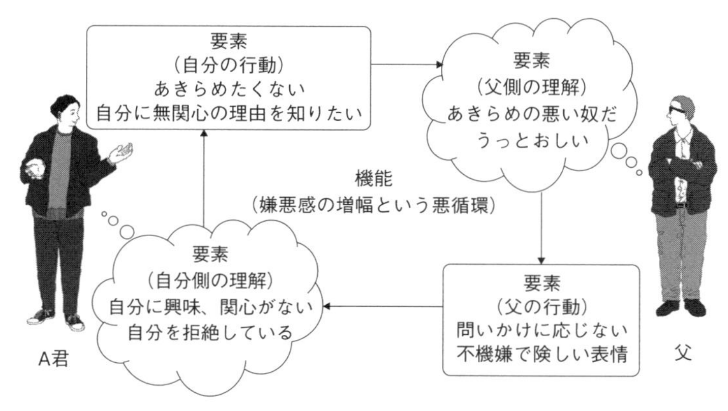

図３−４　システムとして見るＡ君と父の関係

なすことができます。Ａ君の事例においては、要素をさらに分解して、「Ａ君（自分）」を「自分側の理解」と「自分の行動」に、「父」を「父側の理解」と「父の行動」に分解し、計４つの要素とみなすことも可能です。

２つ目は、「要素間の相互のつながり」です。各要素が決してバラバラに存在するのではなく、要素が他の要素に作用している、影響を与えているという「つながり」があるということです。Ａ君の事例では、「自分側の理解」→「自分の行動」→「父側の理解」→「父の行動」→「自分側の理解」という流れで各要素が他の要素に影響を与え、つながりがあるということです。

３つ目は、「機能」です。Ａ君の事例では、Ａ君と父との関係というシステムは、互いの互いに対する嫌悪感を増幅させるという悪循環の機能を持っています。もちろん、そうした機能を、要素としてのＡ君は望んでおらず意図もしていません。むしろ、父との良好な関係を築こうと意図しています。しかし、Ａ君が父との関係を良好にしようと意図して、父に働きかければ働きかけるほど、本人の意図していない結果として、互いの互いに対する嫌悪感が増幅されるという悪循環の機能が作動します。つまり、システムの要素（例：Ａ君）の意図とシステムの機能（例：Ａ君と父との悪循環）が、一致しているとは限らないのです。

ちなみに、「要素」よりも「要素間の相互のつながり」のほうが見えにくく、「要素間の相互のつながり」よりも「機能」のほうがさらに見えにくいものです。事例のA君にとっては、目の前の父という要素よりも、A君の行動が父に与える影響（「自分の行動」→「父側の理解」という「つながり」）のほうが見えにくく、またそれよりも、互いの互いに対する嫌悪感の増幅という悪循環の「機能」のほうがよりいっそう見えにくかったわけです。

長い人生のなかで、誰にでも、少なからず「嫌いな相手」「苦手な相手」「その人の前では自然でいられない相手」が出てくるものと思います。しかし、そうした相手との「人間関係の悩み」を、「人のせい」「相手のせい」とみなして、相手を変えれば、または相手が変われば、問題は解決されると考えるのは（「技術的な問題」と捉えるのは）、適切ではないかもしれません。それよりも、人間関係の悩みを「関係のせい」「悪循環のせい」「システムの機能のせい」、それも「自分もその一要素であるシステムの機能のせい」とみなす（「適応を要する問題」と捉える）ほうが、解決の糸口を見つけやすいかもしれません。そして、「新しい関係」が生まれる可能性もあるということを、頭の片隅に置いてもらえればと思います。

イラスト：岡田親洋

【読書案内】

長谷正人『悪循環の現象学――「行為の意図せざる結果」をめぐって――リベラシリーズ（1）』ハーベスト社、1991年。

自分の意図とは異なる（ときには正反対の）結果がもたらされるという現象が、どのようなメカニズムで生まれるのかを考察している。コミュニケーションのレベルから近代社会の病理現象に至るまで、広い射程を持ち、示唆に富む好著。

奥村隆『反コミュニケーション――現代社会学ライブラリー11』弘文堂、2013年。

コミュニケーションを主題としてきた様々な社会学者、思想家の考え方を、彼らとの架空対談という形で、要点をおさえてわかりやすく紹介している。本章で触れた社会学者ゴフマンの「演技としてのコミュニケーション」についても解説。

中土井僚『人と組織の問題を劇的に解決するＵ理論入門』PHP研究所、2014年。
　本章の事例である「関係コンディショニング・ワーク」の考案者である筆者が、その基礎となる「Ｕ理論」（過去の延長線上にないイノベーションを個人や組織において引き起こす原理と実践手法を明示した理論）を解説した入門書。

ドネラ・H・メドウズ『世界はシステムで動く――いま起きていることの本質をつかむ考え方』枝廣淳子訳、英治出版、2015年。
　社会や生態系の問題などあらゆるものをシステムとして把えるシステム思考とその用語を明快に解説しているだけでなく、システム（自分もその一要素であるシステム）に変化をもたらすための梃入れのポイントにも言及している良書。

第4章　戦争ってつねに悪いもの？

——国際関係論の視点から見る軍隊の役割の多面性

藤重博美

1　「戦争」のイメージは……？

本章では、国際関係論の視点から、戦争の役割や効果をいろいろな切り口から見てみることで、「戦争は常に悪いものなのか」について考えてみたいと思います。

さて、まずは、皆さんにいくつか質問です。「キットカット」というチョコレートをご存じですか。「きっと勝つ」という語呂合わせで受験生に人気のある、あのチョコレートです。次は電子レンジ。皆さん、日々お世話になっているはずですね。それから、トレンチコート。よくビジネスマンが着ているベージュ色の薄手のコートです。最後は、少し前に大ヒットしたNHKの朝ドラ「あさが来た」。ヒロインのモデル、女性実業家・広岡浅子は、日本女子大学の設立に尽力するなど、女性の地位向上に力を尽くしたことでも知られています。

さて、キットカット、電子レンジ、トレンチコート、女性の地位向上。この4つには、いったいどんな共通項があるのでしょう。じつは、これらは、どれも戦争の副産物として生まれ、私たちの生活に定着してきたものなのです。

「戦争」という言葉を聞いたとき、皆さんはどんなことを思い浮かべるでしょう。きっと、それは様々なマイナスのイメージではないでしょうか。暴力、破壊、恐怖、そして——死。こうした負のイメージは、敗戦の苦い記憶を持つ日本では、きわだって強い傾向がありますが、それは現代の日本に限ったことではありません。例えば、古代中国の思想家、墨子は「たった1人の人間を殺せば罪に問われるのに、たくさんの人を殺す戦争はなぜ賞賛されるのか」と、戦争の狂気を鋭く批判しました。

しかしながら、戦争をマイナスのイメージのみで理解することも、つねに正しいとは言いきれません。キットカットやトレンチコートは、戦争を通じて私たちの生活に溶け込んできました。電子レンジに使われている技術や女性の権利拡大も、戦争を通じて大きく発展してきたのです。さらに言えば、「人助け」のために行われる戦争だってあるのです。

本章の目的は、戦争の是非を論じること自体ではありませんし、ましてや、戦争を正当化することではありません。おそらく皆さんが幼い頃から繰り返し聞かされ、当然だと思っていたこと（戦争＝悪）には、別の見方もあるということに気づいていただけたら——。これが本章のねらいです。

こうした多面性を考えるうえで、国際関係論というのは、都合がよい分野です。国際関係論では、あまり系統だった学問体系は整備されていません（そのため、国際関係学ではなく、国際関係論と呼ばれています）。研究の対象やその手法があまりに広くて多様なため、一貫した研究の基盤を築くことが難しいのです。国際関係論の中心が国際政治学であることは間違いないのですが、それ以外にも、政治哲学、政治経済学、国際政治史、社会学など様々な分野のアプローチを用いる「学際的」な手法が、国際関係論の特徴です。これは、まさに、複雑な国際関係を、様々な角度から見ることにほかなりません。

以上のことをふまえ、本章の第2節では、戦争の「副産物」（国際関係論のうち、特に国際政治史、経済史、社会学、ジェンダー研究などの視点）、第3節では「人助け」のための軍事活動（特に安全保障研究の視点）、第4節では「正しい戦争」（特に紛争解決や政治哲学の視点）をそれぞれ見ていき、これら3つの論点から戦争の多面性を考えていきましょう。

2　戦争の「副産物」

技術革新

戦争は、生と死を賭けた究極の営みです。だからこそ、戦争に勝ちたいという欲求は、画期的な技術革新を生み出し、戦争のあり方だけでなく、人間の暮らし、いえ、歴史そのものを大きく変えてきました。

戦争のあり方を大きく変えた技術のなかで、歴史上、特に古いものに青銅器の登場があります。それ以前の石器と比べると、金属性の武器がいかに強力であったかは容易に想像がつくでしょう。さらに、その後に現れた鉄製の武器はいっそう硬く丈夫で、これを手にした人々は、戦争を圧倒的に有利に進めることができたはずです。

次の大きな軍事技術の革新は、15～16世紀頃の火器（火薬を用いる武器）、つまり鉄砲や大砲の普及でした。それまでの戦争で用いられる武器は、剣や槍、弓矢などでした。ところが、火器の登場により、自分からかなり離れたところにいる敵に大きなダメージを与えることが可能になったのです。

そして20世紀に入ると、ついに核兵器が登場します。核兵器は、従来とは比較にならない爆発力を持つだけでなく、放射能を広範囲にまき散らすことにより、敵方に極めて深刻なダメージを与える恐ろしい兵器です。

こうして見ると、軍事技術の革新が、破壊力・殺傷力の強大化を招き、戦争の規模拡大や被害の増大を招いてきたことは間違いありません。しかし、軍事技術の拡大をすべて「悪」だと決めつけてしまうことも難しいようです。

例えば、武器に用いられるようになった金属（特に鉄）は、武器だけでなく農工具にも広く用いられ、農業生産の効率を飛躍的に向上させてきました。火薬を改良した爆薬（ダイナマイト）は、大規模なトンネルやダム、運河などの建設に役立ってきました。原子力の平和的利用（原子力発電）については賛否両論がありますが、化石燃料（石炭や石油）への依存過多を解消してきたことは確かでしょう。飛行機やインターネットの技術も、戦争を通じて飛躍的に進歩してきましたし、宇宙へのロマンをかき立ててくれるロケットの発射技術も、核兵器を運搬するミサイルに使われている技術と基本的には同じものです。このように、技術上の革新は、戦争のあり方自体を大きく変えるだけでなく、人々の生活を大きく変えてきたのです。

日常生活への影響

戦争の副産物は、私たちの日常生活にも、様々な影響を与えてきました。その１つが冒頭で触れたキットカットです。労働者階級の手軽なエネルギー補給源として生まれたキットカットは、第２次世界大戦中には配給品としてイギリス人の食生活に浸透していくことになります。子供が大好きな炭酸飲料、ファンタオレンジも、じつは、その故郷は第２次世界大戦中のナチス・ドイツ。当時、ドイツでは敵国であったアメリカからコカ＝コーラを輸入できなくなったことから、その代用品として作られたのです。日本の例で言うと、甲州ワインなどで知られる国産ワインも、第２次世界大戦中、「緊急軍需物資」として増産されました。ワインを原料に作られる「ロッシェル塩」という物質が、潜水艦や魚雷などをいち早く発見するための水中レーダー製造に不可欠な材料だったためです。

戦争から生まれたファッションの多くも、私たちの生活にすっかりとけ込んでいます。典型例は、中高生の制服によく使われるセーラー服。これは、元々、水兵（海軍の下級兵士）用の制服でした。それが、1920年頃、日本では女子学生の運動着として使われるようになり、次第に通学用の制服として定着しました。本章の最初に見たトレンチコートは、第１次世界大戦（1914～18年）の副産物です。「トレンチ」とは、塹壕（敵の攻撃から身を守るために掘った溝）のことで、特に第１次世界大戦中に多用されました。トレンチコートは、塹壕の過酷な環境でも抜群の耐久性を示したことから、戦場以外の場所でも広く使われるようになってきたものです。第１次世界大戦は、女性のファション全般にも大きな変化をもたらしました。伝統的に欧米諸国での女性の服装は女性の体を包み隠すものであり、床につく長いスカートは、女性の動きを大きく制約していました。このスカートが、第１次世界大戦を機に、一気にひざ丈へと短くなります。第１次世界大戦は、史上初めての

「総力戦」（国家の資源や労働力を極限まで注ぎ込んだ大規模な戦争）であり、働き盛りの男性たちがことごとく戦場に送り込まれました。その結果、それまで男性たちに独占されていた職に女性たちが就くことになり、もはや長いスカートを引きずっているわけにはいかなくなったのです（戦争中の物資不足により、布地が足りなかったからという説もあります）。

経済への影響

戦争は、経済面でも様々な副産物をもたらしてきました。例えば、戦争がもたらす経済的利潤です。1950年代前半、戦後日本の経済復興に大きく役立った朝鮮特需（朝鮮戦争によってもたらされた日本の好景気）は、その典型例と言えるでしょう。

さらに言えば、戦争は、今日、私たちの経済活動の基盤にある市場経済（需要と供給のバランスで動く経済）を育くんできたのです。16〜17世紀頃、ヨーロッパで「絶対王政」と呼ばれる強大な政治権力が登場すると（フランスのルイ14世が有名ですね）、政府の徴税能力が高まったことや「重商主義」と呼ばれる貿易推進政策により、国庫が潤うようになりました。財政的に豊かになった絶対主義王政は、ついに常備軍を手に入れるのです。

絶対王政登場より前の時代には、戦争をするときだけ軍隊をレンタルすることが一般的でした。軍隊の維持には、莫大な費用がかかります。そのため、戦争をしていない時にも、兵士に給料を払い、装備（武器や防具）を整え、食事や宿舎を与えるような贅沢はできなかったのです。しかし、絶対主義王政の豊かな財政が、常備軍の登場を可能にしました。

常備軍が登場すると、大規模な軍隊を常に維持するために、物資の大きな需要が生まれ、経済規模は飛躍的に拡大しました。19世紀から20世紀前半にかけて、国民を徴兵することが一般化すると、ますます軍隊の規模は大きくなり、軍隊の維持に必要な物資の需要はさらに大きくなっていったのです。一方、イギリスやフランスといった大国は、その強大な軍事力でアフリカやアジアなどを植民地化し、そこから得られた資源をもとにいっそう経済活動を拡大させました。こうした戦争と資本主義の相乗効果は、「富国強兵」を押し進めた明治期の日本でも見られました。

医療と衛生

死と隣り合わせの戦争は、医療・衛生分野の進展も促しました。その一例は、火器の普及にともなう外科技術の進歩です。中世のヨーロッパでは、外科的な施術は刃物の扱いに慣れた理容師が兼業することが一般的でした。街でよく見かける3色のサインポールは、床屋さんが外科医を兼ねていた時代の名残です。ところが、16～17世紀頃になると、外科技術は飛躍的に進展し、外科医は理容師とは別の職業として確立します。その背景には、火器の普及により兵士たちが火傷を伴う深刻な負傷を負うようになったことがありました。皮肉な話ですが、破壊力の大きな強力な火器の登場が外科技術を向上させ、多くの人命を救うようになったのです。

クリミア戦争（1853～56年）も、今日の看護学の基盤を築く役割を果たしました。その立役者は、フローレンス・ナイチンゲール。イギリスの裕福な家庭に生まれたナイチンゲールは、クリミア戦争が勃発すると志願して従軍看護師となりますが、戦地の病院の不衛生さにショックを受け、徹底的なトイレ掃除など衛生状態の改善に努めました。その結果、入院患者の死亡率は劇的に改善したのです。戦争後、ナイチンゲールはロンドンに本格的な看護師養成学校を開校し、後進の育成に尽力しました。

政治的権利

戦争は、人権や民主主義といった政治的権利の拡大も手助けしてきました。人権面で有名な例は、南北戦争中（1861～65年）にアメリカ大統領リンカーンが出した「奴隷解放宣言」(1962年)。じつのところ、リンカーンは奴隷解放に特に意欲的だったというわけではありません。しかし、この大義名分を掲げることで、奴隷制の継続を主張していた南部諸州に対するイギリスの支援を封じ込めようとしたのです。つまり、奴隷解放宣言は、戦争を有利に戦うための方策だったのですが、結果的には、黒人奴隷たちの人権を擁護する役割を果たしたのです。

戦争は、民主主義の普及も押し進めてきました。民主主義の故郷、古代ギリシャでは、成人した男子市民の政治への参加（民主主義）を認めていましたが、この権利は兵役とセットになっていました。命を張って祖国を守ることの代償として、政治に参加する権利が与えられていたのです。ずっと時代を下り、フランス革命（1789年）以降、ヨーロッパを中心に再び民主主義が広がり始めましたが、多くの国で、参政権は富裕層の男子のみに与えられていました。しかし、19世紀から20世紀前半にかけて、徴兵制が普及し、男子国民の多くが戦場に送り込まれるようになると、男子普通選挙権（すべての成年男子への選挙権付与）へと広がっていました。このように、戦争への参加と政治的権利は、対になるものとみなされてきたのです。この法則は、女子に対してもあてはまります。第１次世界大戦中のヨーロッパ諸国では、戦場で戦う男性にかわり、女性たちが工場で働くなどして「銃後」（戦場から離れた本国など）から戦争を支援しました。戦後、その代償として、女性に参政権を付与する国が増えたのです。また、戦時中、女性が様々な職業を経験する機会を得たことは、女性の社会進出を後押しすることにもなりました。

戦争の「副産物」をどう見るか？

以上で見たように、戦争は、今日の暮らしの基盤形成に深くかかわってきました。もちろん、だからと言って、戦争の悲惨さが軽減されるわけではありません。しかし、戦争（の副産物）と私たちの生活とのかかわりは、普段私たちが意識している以上に深く、これを完全に「悪」と断じてしまうことも難しいところです。

3　「人助け」のための軍事活動

次に、「人助け」のために行われる軍事活動について考えてみましょう。過去二十数年、戦争のあり方自体が大きく変わってきました。最近は、先進国の軍隊が「戦争」に従事することは少なくなり、そのかわりに、「戦争以外の軍事活動」と呼ばれる活動が大部分を占めるになってきています。そのなかには、例えばテロリスト掃討戦のように、「敵」に対して戦闘を行う活動ももちろんありますが、「人助けのための軍事活動」が増えてきたことが、近年の軍事活動の大きな特徴です。

ここからは、「人助けのための軍事活動」の例として、自衛隊の活動を中心に見ていきましょう。自衛隊は、1954年、外国から侵略を受けた場合などに国土と国民を守ること（防衛出動）を主目的に創設されました。しかし、じつは、自衛隊は防衛出動以外にも様々な活動を行っており、その多くは「人助け」の意味合いを持っています。

災害時の救援活動

「人助けのため」の活動の代表例が、大規模災害時の救援活動です。最近の例では、熊本大地震（2016年）の際、被災者の救出などにあたりました。これまでのところ国内最大の災害救援活動は、東日本大震災の発生時（2011年）に実施されたものです。この時は、約24万人の自衛隊員のうち、10万人以上が災害救援活動に従事し、全体の約7割にあたる約1万9000人を救出しました。その他にも、行方不明者の捜索、支援物資などの輸送、食糧の配布、給水支援、灯油やガソリンの支給、入浴サービスなど様々な形で被災地支援を行ったのです。また、大きなダメージを受けた交通拠点（道路、空港、港湾）も自衛隊の手により次々復旧され、被災地への支援物資の輸送機能の回復を助けました。

自衛隊の災害時救援活動は、国外でも度々行われてきました。例えば、ネパール大地震（2015年）やフィリピンの大台風（2012年）など、海外で大規模災害が発生した際、自衛隊は、国際協力開発機構（JICA)、警察や消防などとともに、「国際緊急援助隊」を編成し、現場で救援活動にあたってきた実績があります。

国連 PKO への参加

軍隊による「人助け」は、武力紛争のなかで苦しむ人たちを助けるためにも行われています。近年、先進国の軍隊による「戦争」は減っていると書き

図4－1　南スーダンの国連PKOに派遣中の陸上自衛隊・施設隊。首都ジュバ近郊の道路整備を行っている様子

出所：防衛省HP（http://www.mod.go.jp/j/approach/kokusai_heiwa/s_sudan_pko/photo/img/a01_001.jpg）

ましたが、一方、開発途上国では多くの内戦が発生してきました。内戦が起きると、人々は住む家を焼かれ、家族を殺され、命からがら逃げまどうことになります。そうした状況では、たとえ紛争が終わったとしても、すぐに紛争前の暮らしに戻れるわけではありません。そのため、国連を中心とする国際社会は、人々が安心して暮らせる環境に戻れるように様々な支援を行います。例えば、難民の帰還や武器の回収、政府の立て直し支援などです。内戦後直後には、不安定な治安状況が続くため、危険度の高い環境で活動できる軍隊の役割は極めて大きく、紛争再発の防止のほか、物資や人員の輸送、復興支援などを行います。

自衛隊は、1992年に初めてカンボジアの国連PKOに参加して以来、モザンビーク、シリアのゴラン高原、東ティモール、ハイチ、南スーダンに部隊を派遣してきました。しかし、武力行使を禁じられた自衛隊が行うことのできる役割は限定されています。では、国連PKOに参加した自衛隊はどのような活動を行っているのでしょうか。

じつは、国連PKOに参加した自衛隊の活動の大部分は、建設会社が行うような活動です。こういうと奇妙に聞こえるかもしれませんが、軍隊（特に陸軍）には、建設業的な活動をする専門の部隊（工兵隊）がいるのが普通で

図 4－2　南スーダンで、避難民のためのトイレ設置を行う自衛隊員（写真：防衛省 HP）
出所：防衛省 HP（http://www.mod.go.jp/j/approach/kokusai_heiwa/s_sudan_pko/photo/img/a04_004.jpg）

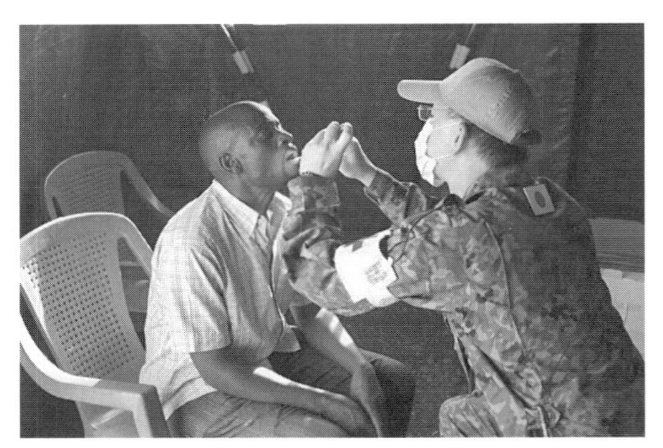

図 4－3　南スーダンには、自衛隊の衛生隊も派遣され、避難民の診療なども行った
出所：防衛省 HP（http://www.mod.go.jp/j/approach/kokusai_heiwa/s_sudan_pko/photo/img/a04_003.jpg）

す。工兵隊は、宿営地を建設したり、部隊が前進しやすいように道路を整備したり、あるいは、敵の追っ手をさえぎるために橋を破壊したりなど、様々な形で軍隊の活動を支援します。

日本の陸上自衛隊・施設隊（工兵隊）の技術力の高さには国際的に定評が

あり、国連 PKO 派遣時には、宿営地建設や道路や橋の復旧などを行ってきました。宿営地がなければ各国から派遣された PKO 部隊は活動できませんし、交通網（特に道路）が整備されていなければ、紛争に傷つき、飢えた人々に食糧配布や医療などの支援を行うこともできないからです。例えば、南スーダンの場合、道路がほとんど舗装されていないため、雨季には道路のぬかるみがひどく、毎年、数ヶ月にわたって交通が麻痺状態におちいります。そのため、自衛隊は道路の整備などに従事し、南スーダン側に高く評価されました。

その他の活動

上で見た以外にも、自衛隊は、様々な「人助け」の支援を行っています。例えば、陸上自衛隊・施設隊は、日本国内でも、道路整備などに携わってきました。皆さんが毎日通っている道路も、じつは自衛隊が整備したものかもしれません。また、海外で日本人が危険にさらされたとき、自衛隊がその帰国を支援することもあります。例えば、2013 年、アルジェリアで日本企業を対象にテロ事件が発生した際、航空自衛隊が政府専用機で日本人の被害者および遺体を日本に輸送しました。そのほか、国内の離島地域から緊急患者の搬送を行ったりもします。鳥インフルエンザ発生時には、鶏の殺処分や鶏舎の消毒・清掃などを行った例もあります。

なぜ、軍隊が「人助け」をするのか？

上で見たように、自衛隊は「人助け」にかかわる様々な活動を行っています。自衛隊の場合、武力行使にかかわる活動への従事を厳しく制限されていることや、国民感情を好転させる狙いから、伝統的に「人助け」のための任務に力を入れてきました。

しかし、他の国々（特に先進国）の軍隊についても、「人助け」目的の任務は、大幅に増えています。1980 年代末、アメリカとソ連の対立（冷戦）が終結した頃から、開発途上国で発生する内戦などの問題が目立つようになり、そのなかで苦しむ人たちの存在が問題視されるようになったこと、さらに、9.11 テロ事件（2001 年）以降、遠く離れた地域の不安定さが、自分たちの安全に直結するという意識が高まったことによるものです。

4　人道的介入と「正しい戦争」

人道的介入とは？

ここまでは、「人助け」のために実施される様々な軍事活動を見てきました。しかし、なかには、本当に「人助け」のためになるのか、疑問の余地が残る活動もあります。その１つが、「人道的介入」です。これは開発途上国の内戦をやめさせるため、主に先進国が行う軍事介入のことです。「人道的」というとソフトなイメージを受けるかもしれませんが、その実情は、空爆（航空機からの爆弾やミサイル投下）です。戦いをやめさせるためと言いながら、なぜ空爆を行うのでしょう。

残念ながら、内戦のなかで双方が殺し合っている真っ最中、戦いをやめさせるのは容易なことではありません。内戦の原因は、権力闘争、民族対立、資源をめぐる争いなど様々ですが、妥協できないような意見の違いがそもそもあるわけです。しかも、いったん内戦が始まってしまうと、お互いに味方を殺され、「復讐したい」という動機も生まれるため、ますます戦いをやめることが難しくなります。

他方、内戦時には、暴力が無力な市民（女性や子供、高齢者）にも及ぶケースが珍しくありません。政府の警察や司法が正常に働かず、暴力が極端な形で使われやすいためです。その典型例は、ルワンダの大虐殺（1994年）です。アフリカ中央部に位置するルワンダでは、内戦中、民族対立に起因する大虐殺が発生し、およそ100日間に約80万人が犠牲になったと言われています。このとき、国連や先進国は何をしたかと言うと――。ほとんど何もしませんでした。多くの罪のない人たちを見殺しにしたのです（このときの様子は、映画『ホテル・ルワンダ』に詳しく描かれています）。大虐殺が収束し、そのすさまじい被害の実態が明らかになると、国際社会は驚愕し、ルワンダの人たちを助けるために何もしなかったことを強く後悔することになります。そして人々が危機的状況にあるときには、ためらうことなく介入するべきだという考え方が生まれました。これが「人道的介入」の始まりです。

空爆による介入——利点と問題

しかし、人道的介入は、なぜ空爆と結びつくのでしょう。人々が次々殺されていく異常事態に際しては、残念ながら力づく（軍事活動）で無理矢理やめさせるしかないためです。その際には、地上戦力（陸軍）を内戦の現場に送り込むか、上空から空爆するかのどちらかしかありません。このうち、地上戦力の派遣は、介入する側（通常、先進国）にとって非常にリスクの高い方法です。いかに先進国の軍隊が最新鋭の装備で身を固めていても、現地の地理や実情を知り尽くした地元のゲリラや反乱軍にはかなわないからです。例えば、東アフリカのソマリアに派遣された国連 PKO 兵士十数名が現地武装勢力になぶり殺しにされる事件（1993年）も起きています（この事件は、映画『ブラックホーク・ダウン』に詳しく描かれています）。ソマリアの悲劇は、先進国の消極的姿勢のもととなりました。しかし、ルワンダの大虐殺後、「何もしない」ことの問題も明らかになり、苦肉の策として生まれたのが空爆による介入です。

空爆による介入には、いくつかの利点があります。第1の利点は、空爆には、内戦を沈静化する一定の効果を認められるということです。開発途上国の内戦で用いられる兵器は、通常、せいぜい自動小銃やロケット砲くらいです（ルワンダの大虐殺では、なたが主に用いられました）。一方、介入する側（先進国）は、最新鋭のハイテク装置を搭載した爆撃機で空爆を行います。空から攻撃された場合、装備の貧弱な地上側はまったく無力で、先進国側の意思（戦闘の中止）を受け入れざるをえなくなります。例えば、インドネシアからの独立をめぐって内戦状態に陥った東ティモールの騒乱時（1999年）には、オーストラリア軍を中心に空爆を行い、短期間で混乱を沈静化しました。かなりの荒療治ではありますが、空爆は内戦をやめせるために一定の効果があるのは確かなのです。

空爆の第2の利点は、介入する側（先進国）にとって非常に安全性が高いということです。もちろん航空機の墜落などのリスクがまったくないわけではないですが、戦闘が行われている真っ只中に地上軍を送りこむことに比べたら、はるかに安全だと言えるでしょう。

しかしながら、問題もないわけではありません。例えば、いくら先進国の爆撃機に最新鋭のレーダーが搭載されていても、誤爆を 100％避けることはできません。その結果、戦闘拠点だと思って爆撃したところが、じつはまったく無関係の民間の施設であった、といった例も珍しくありません。また、内戦時には「軍事施設」と「民間施設」を厳密に区別すること自体が難しく、ゲリラの拠点を攻撃したところ、一緒にいた女性や子供が巻き添えにされた、ということもよくあります。かりに人道的介入に紛争を終わらせる効果があったとしても、巻き添えになった人たちからすれば、その正当性を認めることは難しいでしょう。

さらに、人道的介入は、開発途上国の人々が危険にさらされたとき、必ず行われるというわけではありません。最近の例では、アメリカのオバマ大統領（在任期間：2008～16 年）は、混乱が続く中東シリアへの人道的介入に非常に消極的でした。もし、人道的介入が、内戦のなかで苦しむ人たちの「人助け」に本当に役立つものなのであれば、先進国側の事情で、介入したりしなかったりという選択をすること自体に疑問があると言わざるをえません。

正しい戦争？

ここまでで「人道的介入」について見てきたいくつかの疑問は、「正しい戦争」という考え方をめぐる非常に大きな問題の一部です。「正しい戦争」論は、キリスト教に由来する考え方で、原則的には戦争を「悪」としながらも、状況によっては戦争を正当化するものです。「正しい戦争」の典型例は、中世の欧州で実施された十字軍の遠征でした。ある一定の条件において戦争を正当化する「正しい戦争」の考え方は、現代にも引き継がれています。戦争を正当化する理由のなかで、もっとも代表的なものは自衛のための戦争です。例えば外国から侵略を受けた場合、自衛のために戦うことは国際的に広く認められています。

人道的介入の場合も、一定の条件（国連安全保障理事会の決議など）をクリアすれば、少なくとも国際法上、その実施には問題ありません。しかし、人道的介入が本当に「正しい戦争」なのかについては、おおいに議論の余地があるところです。人道的介入に紛争終結を促す効果があるとしても、巻き添えになった犠牲者の死や先進国の都合による選択的な介入について、倫理的な問題がなくなるわけではないからです。人道的介入が「正しい戦争」かどうかは、これを見る人の立場や考え方、また、その時の実際の状況などに大きく左右され、ただ１つの正解があるというような問題ではありません。

このように、人道的介入には、「人助け」になる面とそうでない面が入り交じっており、その役割を「善」か、「悪」か、一律に結論づけるのはなかなか難しいことです。外国を侵略するようなケースであれば、はっきり「悪」と断じることもできるかもしれませんが、21 世紀の軍事活動は、そんなに単純なものではありません。そのため、その軍事活動が本当に「人助け」になるのか、必要なものかは、事実をよくみきわめ、慎重に判断する必要があるといえるでしょう。

以上のように、本章では、戦争の多様性を見る３つの視点を紹介してきました。繰り返しになりますが、本章は、戦争を正当化しようとしているわけではありません。ただ、戦争には、様々な側面、意味合いがあり、「戦争＝悪」論のようなシンプルすぎる議論には、多くの場合、何か抜け落ちた部分があります。特に、戦争を研究対象とする国際政治学は、日本だけでなく、世界中の様々な国や地域をカバーするため、日本の私たちとものごとの考え方、感じ方が違うことは珍しくありません。「戦争＝悪」論をうのみにせず、皆さん自身で、戦争の持つ多面性をよく理解したうえで、是非を判断する――。その必要性に気づいていただくことが本章の狙いです。

まとめ

以上、本章では、国際関係論のなかの様々な視点から、戦争の多面性について検討してきました。そのなかでは、皆さんが関心をお持ちかもしれない平和安保法制や集団的自衛権の問題には、あえて触れませんでした。こうした問題は、とかく感情的に論じられがちですが、ある意見をそのまま無批判に受け入れてしまうのでは、戦争を食い止められなかった戦前の状況と大きく変わりません。民主主義が根づいた戦後の日本では、情報は、かなりの程度、自由に得ることができます。ぜひ皆さん自身で情報を集め、自分自身の考えを養ってください。こうした積み重ねが、無意味な戦争を防ぐことにつながるはずですし、さらに言えば、「常識を装った嘘」から皆さんを守ってくれるはずです。

【読書案内】

佐々木雄太『国際政治史』有斐閣、2011年。

　戦争の多面性を知るための第一歩として、国際政治の流れを大まかにつかんでおくことがやはり大切です。本書は図表などの資料も豊富で読みやすいので、高校時代、世界史が得意だった人もそうでない人も、まずはこの本から。

ウィリアム・マクニール『世界史（下）』増田義郎・佐々木昭夫訳、中公文庫、2008年。

　『国際政治史』を読み終えたら、次はこちらへ。戦争には、こんな深い意味があったのか！という発見がたくさんあるはずです。古代から中世までを扱った上巻もありますが、まずは下巻を読むのがおすすめ。

マイケル・ハワード『ヨーロッパ史における戦争』（改訂版）、奥村房夫・奥村大作訳、中公文庫、2010年。

　軍事史家の第一人者によるヨーロッパの戦史の決定版。戦争と政治、経済、技術の発展のかかわりが詳しく書かれています。『国際政治史』のあと、すぐにこちらを読んでもいいでしょう。

高橋良輔、大庭弘継編『国際政治のモラル・アポリア――戦争／平和と揺らぐ倫理』ナカニシヤ出版、2014年。

　本章で取りあげた「人道的介入」以外にも、核兵器や対テロ戦争など、戦争をめぐる様々な倫理の問題を取り上げて、「なぜ戦争は悪なのか」という問題を深く考えさせてくれる一冊。

防衛省『防衛白書』（各年版）、http://www.mod.go.jp/j/publication/wp/。

　自衛隊の活動を知るためには、やはりこれ。文章が役人的なのが難点ですが（役人が書いているので、仕方ありません）、読んでみるといろいろと発見があるはず。国際情勢についてのまとめもあります。

第５章　インターネットは民主主義の敵なのか味方なのか？
──政治学の視点から見るネットの自由と安全保障をめぐるジレンマ

山本達也

1　ツールとしてのインターネット

この章では、政治学や国際関係論の視点を交えながら、インターネットという切り口を通して現代社会の姿に迫ってみたいと思います。

皆さんにとって、インターネットとはどのような存在でしょうか。物心ついたときから携帯電話もインターネットも当たり前のようにあった皆さんにとっては、意識したことすらないけど、なくなっては困るという空気のような存在なのかもしれません。

どうやら、人間はすぐに慣れてしまう動物のようです。はじめはその便利さに感動すらしても、すぐにその便利さが当たり前になってしまいます。そして、一度手に入れた便利さを手放すことには、強い抵抗感を覚えるものです。

ところが、この世の中には「良いことだらけ」というものは滅多に存在しません。良いところがあれば、悪いところもあるというのが相場だと決まっています。何かの便利さを享受したら、その裏側で何かを失っている可能性が高いと思っておいたほうがよいでしょう。

ライン（LINE）に代表されるインスタント・メッセージング・アプリケーションは、友人同士のちょっとしたコミュニケーションを行ううえで便利なツールとして重宝されていますが、ときには人間関係を必要以上にこじらせたり、新しいタイプの「いじめ問題」に発展してしまったりということが起こっています。

ツイッター（Twitter）やフェイスブック（Facebook）などのソーシャルメディアにしても、新しいタイプの人と人とのつながり方を可能とし、各個人の情報発信のハードルを劇的に引き下げるなど画期的な変化を社会にもたらしつつも、直接会っていないときでもつねに友人とのコミュニケーションに気を遣わなくてはいけないという側面もあり、「ソーシャルメディア疲れ」などという言葉も生まれています。既存のメディアではあまり報道されていないような情報を知れるようになった反面、知らなくてもよいことまで知ってしまうことの弊害は意外と大きいように思います。

このように、私たちが好むと好まざるとにかかわらず、技術には社会を変える力があります。どのような技術も、その技術が普及するようになると社会に対して何らかの変化をもたらしますが、いくつかの技術は社会そのものを劇的に変化させてしまうほどのインパクトを与えることがあります。インターネットに代表される新しい情報通信技術（ICT）は、こうした技術の代表例だと言えるでしょう。

もっとも、インターネットそのものが善いか悪いかという議論にあまり意味があるとは思えません。インターネットは単なるツール（道具）にすぎないからです。ツールをめぐっては、そのツールそのものの善し悪しを論じるというよりは、そのツールの使い方、使われ方に着目しながら考えていく必要があります。

例えば、包丁というツールです。私たちは包丁を使って家族団らんのためのおいしい食事を作ることもできますが、同じ包丁を使って人を刺し殺すこともできます。包丁そのものが善いか悪いかではなく、包丁をどのように使うか、その社会で包丁がどのような使われ方をしているかが重要なポイントになると言えるでしょう。

では、インターネットというツールの場合はどうなのでしょうか。本章では、そのことについて特に政治的な影響という側面から考えてみたいと思います。インターネットは私たちの社会や政治をどのように変えたのか。今、私たちの社会にインターネットがあることの意味は何か。そして、これから私たちはインターネットとどう付き合っていくべきなのか。こうした疑問へのヒントを示すことで、技術という視点から社会を眺める面白さを感じとってもらえたらいいなと思っています。

2　インターネットは世界を自由にしたのか？

あるモノについて考える際、その対象の歴史的背景をおさえておくことは極めて重要なことです。インターネットの原型について探るには、1960年代頃までさかのぼって考える必要があります。この時代の国際社会は、「冷戦」が行われていたこともあり、「核戦争」が心配されていました。数あるインターネットの特徴のうち最も重要なのは、電話網など既存のネットワークが中央集権型のネットワーク構造であったのに対して、自律・分散・協調型のネットワーク構造になっているという点だと言えるでしょう。

中央集権型のネットワーク（図5−1のAのタイプのネットワーク）は、「中央」が破壊されてしまうとネットワークすべてで通信が途絶えてしまいますが、自律・分散・協調型のネットワーク（図5−1のCのタイプのネットワーク）では、明確な「中央」が存在しないため、ネットワークの一部が破壊さ

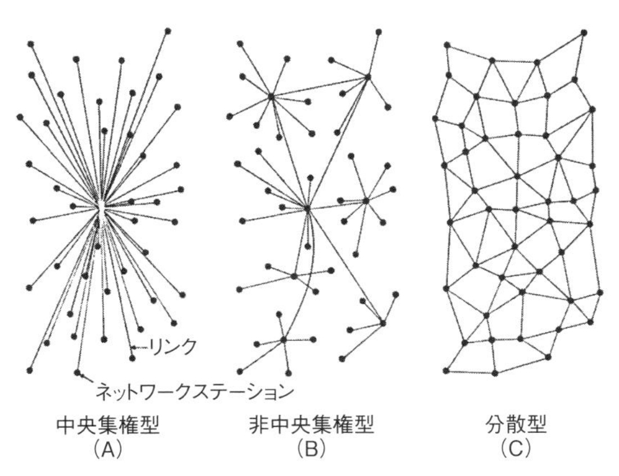

図5−1　中央集権型、非中央集権型、分散型ネットワーク

出所：Paul Baran, *On Distributed Communications Networks*, RAND Corporation, 1964, p.4.

れても迂回ルートをとることで通信が可能です。インターネットの設計思想には、「核戦争が起きても生き残ることができる通信システムとは何か」という時代的要請も密接に関連していたのです。

その後、インターネットは技術的な進化を遂げながら発展していきましたが、ごく一部の研究者が利用する限られた人のネットワークにすぎませんでした。そんなインターネットが一般の人にも普及するようになったのは、マイクロソフト社が「ウィンドウズ95」を発売した1995年頃からです。とはいっても、この時代にインターネットを自宅から使おうと思うと、電話回線を使って接続する必要があり、スピードも遅く、まだまだ「一部の人たちのもの」という状況は続いていました。

国際電気通信連合（ITU）の推計によると、1995年のインターネットユーザー数は約4500万人で、世界人口の約0.8％がインターネットを利用していたという計算になります。当然、ユーザーの圧倒的多くは先進国の住人であり、インターネットは先進国に暮らす一部の人の「おもちゃ」のような存在でさえありました。

こうした認識に変化が見られるようになったのは、2000年のことです。この年、九州・沖縄サミットが開催され、議題の１つとしてインターネットへのアクセスの有無による格差拡大への懸念が議論されました。本格的に情報化の時代に突入し、インターネットを介して情報にアクセスできる者はどんどん政治的・経済的機会を獲得し、そうでない者との格差は広がる一方ではないかという、「デジタル・デバイド」（digital divide）という概念が注目を集めるようになったのです。

「デジタル・デバイド」を解消するために、先進国から発展途上国への対外援助の一環として「情報」にまつわるICT支援に取り組まなくてはいけないという国際的な機運が高まりました。このときに主に懸念されていたのは経済的な格差の解消でしたが、アメリカを中心として、ICT支援を行うことは被援助国の民主化も促進させる効果があるのではないかという議論が盛んに行われました。

インターネットの設計原理が可能にしているネットワークの特性とは、

オープンかつ非独占で匿名性が高いというものでした。こうした特性を持つネットワークが社会で普及すれば、その国で民主化が促進されるだろうという見通しを示す人々は多数いました。特に9.11以降の「対テロ戦争」を進めていくうえで、中東の民主化は重要であるという認識が広まり、そのための手段の1つとしてインターネットの普及が注目されるようになりました。

ところが、こうした考え方は単純で楽観的にすぎる見方であるということが次第にわかってきました。ここが本章を通しての重要なポイントとなるのですが、ネットワークの性質はインターネットの本質的な性格が決めるのではなく、たとえオープンで非独占で匿名性が高いネットワークであったとしても、ネットワークの設計者の意思次第でその上から「コントロールの網」をかけることはそれほど難しいことではないという事実を理解しなくてはなりません。

この点は、具体的な事例を紹介したほうが理解しやすいかもしれません。例えば中国では、中国国内からツイッターやフェイスブックなどを利用できないようにブロックしたり、いつ、どこで、誰が、どのようなインターネット利用をしているかをモニターする技術的な仕組みを導入したりと、国家がインターネットをコントロールしています。政府が「問題」だとするようなインターネット利用を行うと、政治犯として逮捕・監禁されることになります。これは中国に特殊なケースではなく、多くの非民主主義国において同じような形でインターネットのコントロールが行われています。

とはいえ、政府のコントロールに対しては、つねにそのコントロールの網をかいくぐろうとする民衆もいます。インターネット・コントロールをめぐる「政府 vs. 民衆」の戦いは終わることなく続けられてきましたが、概して政府のほうが有利という状況がありました。

変化は突然起こりました。長年にわたってインターネット・コントロールを行ってきたアラブ世界で、次々と民衆デモが起き、いくつかの国で独裁的な政権を倒すことに成功したのです。一連の政治的変化は、独裁政権という厳しい「冬」のような季節が終わり、こうした国々にも暖かい「春」がやってくるのではないかという希望を込めて、「アラブの春」とも呼ばれています。

「アラブの春」は、インターネット時代ならではの革命的な現象を引き起こしました。第1に指摘すべきは、人々の動員の方法と仕組みを変えたという点でしょう。チュニジアやエジプトでのデモ隊は、フェイスブックやツイッターなどのソーシャルメディアを効果的に使いながら、デモを行っていきました。今回のデモが画期的だったのは、ソーシャルメディアを利用することで、組織や明確なリーダーがいなくてもデモを行うことは可能だということを証明してみせた点にあります。

エジプトの政変劇に深くかかわっていたゴネイム（Wael Ghonim）は、一連の出来事を「革命2.0」と名づけました。彼の言う革命2.0とは、「ヒーローがおらず、すべての人がヒーローであり、みんなが少しずつ貢献しながら、最終的に世界最大の百科事典を作り上げてしまうというウィキペディア（Wikipedia）のようなもの」であり、ソーシャルメディアの活用によって特徴づけられるデジタル時代の革命だという意味です。

ソーシャルメディアが、政治に与えた革命的な変化としてもう1つ指摘できるのは、「透明性革命」とでも呼べるような現象が起き始めている点です。これまで、特に非民主主義国においては、報道の自由は十分に保障されておらず、政府に都合のいい形で情報が隠蔽されることもしばしばでした。先進民主主義国においても政府の公開する情報の内容、時期、方法については、細やかな配慮が施されていて、国民の知る権利は政府の考え方次第というところがありました。

ところが、ソーシャルメディアが普及するようになり、たとえ非民主主義国であったとしても、政府が一元的に情報をコントロールし続けることが難しくなり始めています。警官が汚職や暴行を働いている瞬間を捉えた動画も、政府内で不正を働いていたことを示す文書の画像も、現在ではいとも簡単にフェイスブックやツイッターに投稿できてしまいます。ソーシャルメディアは、これまで「存在する」と聞いてはいたものの、実際に目にすることのなかった政権側の不公正を白日の下にさらし、情報統制という「壁」で守られていた秘密を「透明化」、「可視化」する方向に働き始めているのです。

ただし、問題もあります。ソーシャルメディア上の情報は、その真偽が確認されないまま拡散されてしまうこともあります。とりわけ衝撃的な写真などは、拡散されやすい情報の１つですが、その写真が捏造されたものなのかどうかという判断は、写真を見ただけでは困難です。

インターネットの世界では、真実もウソも混じり合いながら膨大な情報が日々やりとりされています。今や、人々は、こうした環境のなかで、政治的な意思決定をすることが求められています。玉石混淆の膨大な情報を簡単に生み出すソーシャルメディアは、時として人々の意思決定を難しくする環境を生み出すこともあります。

いくつかの問題があるとはいえ、ソーシャルメディアの登場が画期的だったのは、概して政府側が有利だったインターネット上の「政府 vs. 民衆」の構図が変わったという点にあります。動員の革命と透明性革命を含む革命2.0型のデモは、実際にいくつかの非民主主義国のトップを辞任にまで追い込むことに成功したのです。

3　国家の安全保障と民主主義的価値の戦い

ところが、「バラ色」の時代はそう長く続かないことも明らかになってきました。ソーシャルメディアの到来で、世界がより自由になったかというと、現実はそう単純ではありませんでした。

革命2.0型のデモを経験した政府は、こうした動きを防ぐことができなかったという意味でソーシャルメディアの力を過小評価していたと言えるかもしれません。あとから振り返ってみると、「アラブの春」はそれらの国々に「春」をもたらすことはありませんでした。

国自体が内戦状態に陥ってしまったり、追放したはずの独裁者と同じような政治をする大統領が政権を握ったりと、国によってその後の状況は様々ですが、デモを行った民衆が望んでいたような政治を手に入れることはできませんでした。そして、そのような強権的な政権は、これまで以上にインターネット上のコントロールを強化するようになっています。

1948年に国連総会で採択された世界人権宣言の19条には、以下のような内容が記されています。

> すべて人は、意見及び表現の自由に対する権利を有する。この権利は、干渉を受けることなく自己の意見をもつ自由並びにあらゆる手段により、また、国境を越えると否とにかかわりなく、情報及び思想を求め、受け、及び伝える自由を含む。

この条文は、信条および表現の自由を保障した文章として知られています。政府によるインターネット・コントロールは、明らかにこの条文が保障した内容を侵害するものですが、政府には政府の言い分があります。その言い分とは、「テロを未然に防ぐ」というものです。

国際社会において、テロ対策への重要性の認識が急速に高まったのは、2001年9月11日にアメリカで発生した「同時多発テロ事件」以降のことです。ハイジャックされた飛行機が、ニューヨークの世界貿易ビルや、ワシントンの国防総省ビルに突っ込んでいった映像は繰り返し放映され、全世界に強烈なインパクトを与えました。

この事件は、首謀者であるとされたビン＝ラーディン（Osama bin Laden）と、アル＝カーイダ（Al-Qaeda）という組織の名前を有名なものとしました。初期のイスラームに戻ることを理想とする彼らの思想からすると意外に聞こえるかもしれませんが、彼らは最新の技術を否定しているわけではなく、むしろ使いこなしてさえいたのです。その後行われた調査の結果、9・11を引き起こす過程でインターネットは重要な役割を担っていたことがわかっています。

一般の人々にとって、インターネットが日常生活に不可欠なツールになっているのと同様に、今や、テロの計画・実行者にとっても、インターネットはなくてはならない存在になっているということです。最近でも、「イスラーム国」によるとされるテロ事件が各地で起きていますが、「イスラーム国」もまた、インターネットを効果的に使用しながら広報活動や新規戦闘員のリクルート活動を行っています。

また、「サイバー攻撃」や「サイバー戦争」への対処も政府に課せられた重要な課題となっています。現在の先進国のように高度に情報化が進んだ社会では、サイバー攻撃によって受ける影響も大きくなっています。テロやサイバー攻撃を未然に防ぐためには、インターネットの監視をする必要性が生じてきます。実際に、現在では軍や情報機関にそのための専門の部隊や人員がさかれています。

これまでのところ政府が何らかの形でインターネット上の監視を行っていることは何となくわかってはいるものの、何をどの程度どのくらいの規模で行っているかについてはっきりしたことは明らかにされてきませんでした。こうしたなかで起きたのが、いわゆる「スノーデン事件」です。

スノーデン（Edward Snowden）は、アメリカの情報機関で政府による情報収集活動にかかわってきましたが、2013年にこうした活動の実態を示す証拠をひそかに持ち出したうえで複数の新聞社を通して内部告発したことで有名になった人物です。スノーデンの告発によって、アメリカ政府が広い範囲での通信傍受を日常的に行っていることが明らかになりました。なかには、同盟国の首相の携帯電話での通話も含まれていて、外交問題にまで発展しました。これまで、インターネット・コントロールを行うことで、インターネット上の表現の自由を侵害しているのは非民主主義国での話だと思われていましたが、じつは民主主義国でも行われていたのです。

現代社会においては、銀行の預貯金、クレジットカードの利用履歴、病院のカルテ、グーグル（Google）での検索履歴、自動改札機の利用履歴、ネットショッピングの利用履歴、閲覧したサイトの履歴、送受信した電子メールの内容など、個人にまつわるありとあらゆる情報がデジタル化されサイバースペースに蓄積されています。先ほども述べたように、スノーデンによる告発が衝撃的だった点の１つは、フェイスブック、グーグル、アップル（Apple）といったインターネットに関係する名だたる企業が、アメリカ政府による通信傍受に協力していたことが明らかになったという点が挙げられます。こうした企業にかかわることなくインターネットを利用することは一般の人々にとって不可能であるので、インターネットを利用する以上こうした「監視システム」に組み込まれることになってしまいます。

このような事態は、当然のことながら「プライバシーの保護」や「検閲の禁止」といった民主主義的な価値と相容れるものではありません。例えば、日本国憲法の第21条は以下のような条文になっています。

> 集会、結社及び言論、出版その他一切の表現の自由は、これを保障する。検閲は、これをしてはならない。通信の秘密は、これを侵してはならない。

さて、この問題を皆さんならどのように考えるでしょうか。テロ対策という治安の維持、サイバー攻撃やサイバー戦争への対処という国家安全保障をより確実なものにするためには、インターネット・コントロールやインターネットの監視が必要ですが、そのようなことをすると民主主義的な価値を傷つけることになってしまいます。それぞれの国家は、それぞれの基準を用いて、この2つのバランスをどこに設定するのかが問われています。

皆さんは、インターネットがこのような状況におかれていることを知ることで、インターネットとのつきあい方が何か変わることになるでしょうか。もしかしたら、皆さんは、「自分は別に見られて困るようなことはしていないから、政府に「覗き見」されていてもかまわない。困るのは「悪い人」だけだ」と思うかもしれません。

この点について、スノーデンから直接この問題をリークされたジャーナリストのグリーンウォルド（Glenn Greenwald）は、「監視され、人に見られているかもしれない状況では人の行動は劇的に変化してしまう。監視されているかもしれないとわかっている場合、人は迎合的で従順な行動をとりがちである。監視されうる社会は、画一化と服従と隷属を生み出す社会だ」として民主主義社会の住民は民主主義と自由を守るためにもプライバシーの保護にこだわるべきだと言います。そして、「社会の自由度は善良で従順で服従する市民をその社会がどう扱うかではなく、反体制派や権力に抵抗する人をどう扱うかで決まるのだ」と訴えています。

「見られているかもしれない」という状況は、人々に「自己規制」の気持ちを起こさせます。こういった環境では、反体制的な言動はとりにくくなるでしょう。だからといって、治安の維持や国家安全保障の問題を無視するわけにはいきません。インターネットをめぐる正解のない問題は、皆さんの生活とも意外と近いところで関係しているのです。

4　インターネットは民主主義の敵なのか？

このように考えていくと、はたして、インターネットは民主主義にとってプラスの働きをするのか、それとも民主主義を壊しかねないツールなのかという疑問が浮かんできます。これも決まった正解がない、厄介な問題です。

この問題についてより深く考えていくためには、前節で言及した政府によるインターネット・コントロールやインターネット監視の状況に加えて、インターネットをコントロールするもう１つの存在についても考えておく必要があります。その存在は、「アルゴリズム」と呼ばれています。

これから述べるような問題は、初期のインターネットではほとんど問題とはなりませんでしたが、インターネットに「お金儲け」というビジネスの要素が入り込み、最近のようにビジネスの論理が支配的になることで懸念は一層強まるようになりました。例えば、インターネット企業の代表格であるグーグルを例に考えてみましょう。いまやグーグルは、インターネット検索市場で独占的な地位を築いています。グーグル社の技術を抜きにして、目的のサイトにたどり着くことは極めて困難な状況にあります。

問題は、このグーグルのシステムに組み込まれているアルゴリズムです。現在、グーグルの検索では、たとえ同じ単語を入れて検索したとしても、検索者が異なれば同じ結果が表示されることはありません。過去の検索履歴やクリックしたリンクの履歴、アクセスしている場所、使用しているコンピュータの種類、ブラウザのバージョンなど考えうるありとあらゆる情報を用いて、検索者がクリックしそうなものから順に表示しているのです。

グーグルによる検索技術の何がすごいかと言えば、この「並べ替え」の技術がすごいのです。それを担っているのが、アルゴリズムです。このアルゴリズムを精緻化すればするほど、検索者の趣味趣向を反映した検索結果を上から表示できるようになります。グーグルという会社は、企業からの広告費で収入を得ています。高い広告費を支払うほど、検索の上位に表示させることができます。実際にそのサイトがクリックされると、企業側はグーグルに広告費を支払うことになります。

アルゴリズムを精緻化させると、グーグルに広告費を拠出している企業は、自分の商品が紹介されているサイトをクリックしてくれそうな人にだけリンクが表示されるようになり、結果としてクリックされる確率も高まり、無駄な広告費を支払わなくてもすむようになります。検索者の側から見ると、自分の関心がない検索結果が表示されないため、結果として目的のサイトにたどり着きやすくなります。便利でよいではないかと思うかもしれませんが、ここには私たちの社会を脅かしかねない重大な問題が潜んでいるのです。

その人が普段どのようなインターネット利用をしているかによって、表示されるリンクが異なるということは、インターネットで「高尚」な記事を多く読めば読むほどそういったリンクが検索結果として表示される可能性が高まるということを意味します。逆に「ジャンク」情報ばかりに触れている人は、やがて「ジャンク」ばかりのインターネット世界が広がることになってしまうのです。

じつは、アルゴリズムを用いたフィルタリングは、フェイスブックにおいても行われています。フェイスブック上の友人に、政治的立場が保守の人もリベラルの人も両方いたとしても、自分の政治信条がリベラルであるために同じようなリベラル派の友人と密なコミュニケーションをとっていると、そのうち保守派の友人たちの投稿が自分のページに表示されることがなくなるようになっているのです。

一見すると、多様性に富んでいるように感じられるインターネットの世界ですが、実際には自分と価値観の異なる言論や思想に触れる機会はどんどん失われるような仕組みがあります。その結果、インターネットとは、ただ単に自分の趣味趣向や思想が画一的に強化されていくだけの場所になり始めていると言えるでしょう。

「ネトウヨ」の人のコンピュータには、「ネトウヨ」の友人たちの投稿ばかりが溢れ、「ネトウヨ」的な言説ばかりが目に飛び込んでくることになります。そして、「ヘイトスピーチ」に酔いしれる人のコンピュータ画面には、それを問題視する人々の意見はアルゴリズムによって動く「ロボット」によってフィルタリングされ消されてゆき、あたかも世の中の大多数が同じ意見を持っているかのような錯覚に陥ってしまう環境が生まれつつあるのです。

アルゴリズムが精緻化されればされるほど、民主主義的な社会にとって重要な政治的な価値や思想の多様性が失われ、インターネットで触れるのは「自分が心地良いと感じる考え方だけ」という状況が生まれてしまうのです。成熟した民主主義社会の構成員には、自分の意見を持つことと同時に自分と異なる意見を持つ人々の意見にも耳を傾け、尊重する態度が求められますが、インターネットはそのための障害にさえなりうるということになってしまいます。

インターネットには、独裁者を権力の座から引きずり下ろす力も、これまでに例がないような形で大規模な動員を行う力も、政府が隠したいと思っているような情報を暴く力もあります。同時に、人々の行動を監視し、プライバシーを侵害し、民主主義的な活力を削いでしまうような使われ方もされています。普段何気なく使っているインターネットですが、ふと立ち止まって考えをめぐらせてみると、これからの社会を考えるうえで避けては通れない重要な論点がたくさん含まれていることがわかってきます。これから私たちは、インターネットとどのように付き合っていくべきなのでしょう。皆さんだったら、どのように考えますか。

【読書案内】

ウィリアム・パワーズ『つながらない生活――「ネット世間」との距離のとり方』有賀裕子訳、プレジデント社、2012年。

この章では、主にインターネットと民主主義との関係について見てきましたが、インターネットの世界で今何が起きているか、これから何が起きようとしているのかを知ると、「インターネットとどう付き合うべきだろうか」という疑問が生じることになると思います。

そのためには、一度、インターネットから定期的に離れる経験をするべきだというのが、本書の提案です。著者のパワーズ（William Powers）は、週末になると自宅のインターネット回線をオフにして「インターネット安息日」を設けることにしたといいます。

その結果、つねにインターネットにつながっていた生活をしてきたときには気がつかなかった、数々の変化を経験することになったといいます。なかでも興味深いのは、インターネットにつながっているときとつながっていないときでは、「思考」のあり方が違ったという指摘です。

インターネットにつながっている状態では、細切れで浅い領域での思考ばかりだったのに対して、「インターネット安息日」にネットから切り離されることではじめて「哲学的な深い思考」が可能になったというのです。

本書は、インターネットにつながることの価値と、つながらないことの価値を考えるうえで、多くの気づきを与えてくれるでしょう。そして、皆さんが「インターネット安息日」を経験してみるきっかけになるかもしれません。

第6章　グローバル化は国際社会を変えるのか？

——国際関係論から見る地球規模の諸問題

山本　健

1　グローバル化と国際社会

本章では国際関係論という学問領域から、地球規模の諸問題について考えてみたいと思います。まずは、日本と世界とのつながりを見てみましょう。世界から日本にやって来る訪問者の数は、2016年、ついに2000万人の大台を超えました。来日客急増の背景の1つとして、為替相場が円安に進み、コスト面で日本に来やすくなったことが挙げられます。日本国内にいて、日本の通貨「円」のみを利用して日々の生活を送っていれば、為替レートの変動を気にすることはあまりありません。しかし現在は、各国の主要通貨が為替市場において、想像を超える規模の金額で日々売り買いされています。その取引の実際は、国境を越えた電子空間におけるお金のやりとりであり、その結果、ドルなど他の通貨に対する「円」の価値が日々刻々と変化しています。そして円安、つまりは円がお買い得になれば、海外の人々にとっては同じ額でより多くの円に交換することができ、ひいては日本での滞在や買い物もお得感が増すことになります。

また、日本側の観光誘致の努力もあるでしょうが、インターネットを通じた日本に関する情報の普及も、国境を越えて日本を訪れるハードルを下げているようです。日本に滞在する外国人や日本を訪れた人たちがブログやユーチューブなどを通じて母国語で情報発信し、それを見た人たちが日本を訪れるという図式です。日本人にとっては当たり前すぎることも、外国人にとっては魅力的であったり興味深いものがたくさんあるようで、日本人はあまり訪れない観光スポットに、例えばタイ人の観光客が殺到するようになったという例もあります。

日本から海外への移動も盛んです。近年は1500～1800万人の日本人が、毎年どこかの国を訪問しています。さらに驚くのは、国境を越える物流の高速化です。日本経済は車や電子機器、鉄鋼などの輸出が特徴ですが、農産物に関しては世界最大の輸入国です。とはいえ、日本の良い農産物を輸出する動きも活発化してきています。今では、ナシやイチゴなどの日本の取れたての高級果物が、アジアの主要都市であるソウルや上海、台湾、香港、バンコクの空港へ翌日の朝8時までに届けられるようになっています。あるテレビ番組では、徳島県の農家が出荷したナシを購入した香港在住者が、自国のスーパーで買うよりも新鮮だとコメントしていました。

このように、ヒト・モノ・カネ・情報は国境を越えて移動しています。それは言うまでもなく、日本に限らず世界中で起こっている現象です。とりわけ近年では、その量が飛躍的に増大し、そのスピードは加速し、その移動にかかるコストはますます低下する傾向にあります。いわゆるグローバル化と呼ばれる現象です。

「グローバル化」という言葉は、1970年代末に初めて現れた、言葉としては新しい用語です。しかし、とりわけ1990年代以降、冷戦後の時代を表す象徴的な言葉として極めて頻繁に使われるようになりました。新しい時代をその一言で何とか表そうとしたためでしょうか、その意味するところは多義的です。ヒト・モノ・カネ・情報の移動の自由化を意味することもあります。ある現象が、世界全体に影響を及ぼすようになったことを指す場合もあります。また同じような現象が世界同時に見られるようになったという意味でも使われます。さらにはネットワークが地球全体を覆うようになったことや、私たちが地球という同一の空間に暮らしているという意識の広がりを示唆することもあります。

グローバル化という言葉は新しい時代を表すのと同時に、地球規模の諸問題を象徴する言葉にもなっています。1997年に起こったアジア金融危機や2008年のリーマン・ショックに代表される世界的な金融危機とそれによる経済不況。世界で最も裕福な62人が保有する資産が世界の貧しい半分（36億人）が所有する総資産に匹敵し、地球人口の40%にあたる25億人が1日2ドル以下の生活を強いられているという、世界的な格差の拡大。租税回避地（タックス・ヘイブン：個人や企業が自国ではなく、税率の低い国や無税の国に活動拠点を移すことで課税を回避する）問題、グローバルに展開するテロ活動やサイバー攻撃、あるいは兵器や麻薬の世界的拡散、感染症の地球規模での急速な広がり、移民・難民の数の増大など様々な問題が挙げられます。なかでも、地球環境問題はグローバルな問題の典型です。近年目立つようになった極端な気象変動や大災害も、地球環境の変化がその要因と言われています。世界人口は今や70億人を超え、さらに増加し続けており、21世紀末には100億人に達するとも予想されています。人口増加と同時に多くの新興国が経済成長するなかで、環境への負荷のみならず、エネルギー資源や、将来的な食糧・水の需給問題も懸念されています。

私たちの住む地球を宇宙から写した映像や写真を見たことがない人はいないでしょう。人類で初めて宇宙飛行を行ったユーリー・ガガーリンの「地球は青かった」という「名言」はよく知られています（実際には、本人が正確にそう言ったわけではないらしいですが）。天気予報などでよく見る地球の衛星写真は、雲と一緒に写っていることがほとんどですが、その雲を取り除けば、青い海と緑もしくは茶色の地表が美しいコントラストをなした地球の姿が浮かび上がります。

しかし地理の授業などでおなじみの地図帳を開いてみると、地表には国境線がびっしりと引かれ、それぞれの国が見やすく色分けされています。そもそも地図というのは世界を理解するための1つの道具です。そこに国境線が引かれていることは、それが世界を理解するための重要な要素であることを示唆しています。つまり、この世界は国境線で囲まれた領土を持つ国によって分割されているわけです。実際、南極大陸を除くすべての陸地は、どこかの国の領土です。その国境線は歴史的に引かれたものであって自然なものではありませんが、いずれにせよそれぞれの国がそれぞれの領土を支配し、領域内のことに責任を負っていることになっています。政治学や経済学、社会学、法学といった本書で取り上げられている社会科学の各学問も、伝統的にはこの国家という枠組みを前提として発展してきました。

問題は、今日的課題の多くが地球規模のものであり、一国のみで解決することは難しいということです。グローバル化の進展によって国家の枠組みが動揺し、これらの問題に対して有効に対処できなくなっているとも言われます。私たちの「社会」を理解するためには、もはや身近でわかりやすいことばかりに目を向けていては不十分です。本章では、よりマクロな視点から、社会、とりわけ国際社会について考えていきましょう。

2　グローバル社会は可能か？

グローバル化の負の側面や、グローバルな諸問題に対して、私たちはどうすればよいのでしょうか。1つの考え方として、国境を越えた社会、つまりグローバル社会を作るという提言があります。ヒト・モノ・カネ・情報が国境を越え、地球の裏側にいる人たちとも容易にコミュニケーションがとれるようになり、同じ地球に住む一員という意識が広がり、国境を越えてつながるグループや社会運動が増えるなかに、グローバル社会の萌芽が見られるとされます。もちろん、ある大国が世界を支配し、その価値観を世界中の人々に押しつけるような形で生まれる地球規模の社会など誰も望まないでしょう。望ましいとされるのは、国家ではなく人間ひとりひとりを基盤とする、グローバルな民主的社会です。そのようなグローバル社会のなかでは人々の人権が保証され、格差の是正や環境問題への取り組みが地球規模でなされることが期待されます。

たしかに、もしそのような民主的なグローバル社会が実現すれば、グローバル化がもたらす問題や、世界全体の問題にも対処できそうです。しかしまず、どうやってそれを実現するのかという批判が出てくるでしょう。人々が国境を越えてつながれば、それだけで自然にグローバル社会が生まれるとも思えません。だとすると、実際に誰がグローバルに全人類の人権を保証し、誰が諸問題に取り組むのかという問題が生じます。グローバルな民主主義に基づいて、世界政府を作るのでしょうか。そうはいっても、70 億人による選挙を行うのは容易ではないでしょう。かりにそのような選挙を行ったとしても、世界政府の設立を望むという選挙結果にはならないかもしれません。かといって、いきなり世界政府のようなものが生まれるなどということを想像するのも困難です。もしそのようなものが突然できたとしたら、むしろその民主的正当性が疑われることになるでしょう。

さらに政治学の立場からは、グローバル社会ではなく、国民国家こそが民主主義を実践するのに最も相応しい枠組みであるという議論がなされています。リベラル・ナショナリズムと呼ばれる立場です。特に民主主義は、文化的、民族的、あるいは宗教的に同質的な国民性を共有する政治的コミュニティにおいて最もよく実現できると主張します。なぜかと言うと、共通の言語や共通の価値観、そして共通のアイデンティティがなければ、お互いに理解し信頼し合うことが難しくなり、民主的討議も、公教育や福祉の実践もうまくいかなくなるというのです。それゆえこの立場は、多様な価値観が混在するグローバルな社会での民主主義の実現に否定的な見方をとることになります。

また国際政治学では、国際社会の成り立ちという観点から、グローバル社会の実現に対して批判的な見方があります。ここでいう国際社会とは、国家を主体とした社会のことです。グローバル社会がひとりひとりの人間を主体とする社会であるのとは区別されます。国際社会における国家は、それぞれが主権を持ち、自国のことは自国で決めるとされます。言い換えれば、主権国家は他の国や、国家よりも上位に存在する何者かに支配されたり命令されたりすることはない、ということになっています。それは国境線で囲まれた領土を持ち、原則として、その内側のことは外部から干渉されません。その結果、「国内」と「国際」とが明確に区別されることになります。国境線の内側の問題が国内問題、国境線を越えた他国との関係が国際問題です。そして主権国家はお互いにそれぞれの主権を認め合い、尊重し合うことで「国際社会」を作っています。今は、200 弱の主権国家が国際社会のメンバーです。そこには内政不干渉（主権国家は自国の国境内の物事について自由に処理することができる権利を持ち、他国はそれに関して干渉してはならないという義務がある）や、国境線は変更しないという領土保全と呼ばれる原則が存在します。たしかに各国は軍隊を持ち、国家のみが合法的に武力を保持し、それを正当に行使する主体とされていることから、国際社会において戦争が起こる可能性がないわけではありません。しかし同時に、国際社会には武力を行使することに関するルールが定められており、現在では武力不行使の原則が確立され、国際法的に合法な武力の行使は自衛権の発動など例外的な場合に限られています。主権国家は国際社会を形成することで、それなりに一定の安定を維持しているとされます。

ヒト・モノ・カネ・情報が国境を越えて移動するグローバル化が進展することで国家の枠組みが揺らぎ、従来の国際秩序が変化を迫られている、としばしば言われます。たしかに、経済的な相互依存が深まり、世界の貿易量は過去65年間で、輸出総額で300倍以上にもなりました。現在、世界には100兆ドルものカネがあふれています。金融市場は24時間開いており、自由化され電子マネーと化したカネの移動は暴走気味です。外国為替市場での1日の（繰り返す、「1日の」）取引額は、5兆ドル（500兆円以上）を超えました。為替取引はIT技術の進歩によって超高速化し、1秒間に数千回もの売買の発注やキャンセルを繰り返し、しかもコンピュータシステムにあらかじめ組み込まれたプログラムで株価や出来高などに応じて自動的に売買注文をするまでになっていると言います。企業活動はよりグローバルに展開するようになり、企業が国家に縛られなくなりました。その結果、企業はより賃金コストの低い国を選び、またより税金の安い国へ逃避するようにもなっています。税収が少なくなれば、国家にとって打撃であることは言うまでもありません。市場や巨大多国籍企業のパワーが増大し、相対的に国の力は弱まっています。中小国の国内総生産よりも、年間の売上高が大きい大企業が多数存在します。売上額で世界最大の企業であるウォルマートや日本のトヨタがその例です。かつてのように主権国家があたかも万能であったかのような時代はすでに終わったのでしょう。

とはいえ、グローバル化によって国際社会が変化したというわけではなさそうです。つまり、先に述べたような主権国家がお互いに主権を認め合い、国際社会を形成するという秩序そのものは変わっていないのです。極端な例ですが、世界には「破綻国家」と呼ばれる国が存在します。ソマリアがその典型です。内戦の結果、1991年から事実上の無政府状態となっているソマリアでは、国境線の内側では様々な武装集団が跋扈し、政府は治安を維持できていません。国民経済も崩壊し、まともな行政サービスも提供できない状態にあります。国内的には国家の体を成していないのです。にもかかわらず、そのような国家であっても、国際社会はソマリアの主権を承認し国際社会の一員として取り扱っています。なぜ破綻国家ソマリアの話をしたのか。重要なのは、ひとつひとつの国家の国内を管理する力が弱まることと、国際社会が揺らぐということは区別しなければならないということを強調したいからです。グローバル化の進展によって、個々の国家のパワーや国内の管理能力は低下しているかもしれません。しかしそうであっても、さらには破綻国家のような国家が存在したとしても、国際社会という枠組み自体は揺らいでいないのです。というのも主権という抽象的な概念を相互に承認し合うことは、主権の中身が伴っていなくても可能だからです。それゆえ、国境を越えるヒトの移動やコミュニケーションが増大したとしても、それだけで既存の国際社会に取って代わるようなグローバル社会の形成へと単線的に向かっているとは言えないことになります。ましてや、各国が主権を放棄し、グローバルな民主主義や世界政府を創設しようとする気配はまったくありません。依然として世界各国は、主権に基づく内政不干渉の原則を重視し続けています。世界全体が１つの国になるよりも、様々な国があり、多様な文化や社会が維持される方が望ましいと考える人も少なくありません。

3　国民国家でよいのか？

それでは私たちは、伝統的な国民国家の枠組みに戻って再び閉じ籠もることでグローバル化に抵抗すればよいのでしょうか。その考えにも問題がありそうです。まず、かりに国家が民主主義を実施する最適の枠組みだとしても、グローバル化が進めば民主主義を維持できなくなる恐れがあります。アメリカの経済学者ダニ・ロドリックは『グローバリゼーション・パラドクス』(柴山桂太・大川良文訳、白水社、2013年）という著書のなかで、経済のグローバル化、国家主権、そして民主主義の3つを同時に実現することはできないと論じています。この説に従えば、もし経済のグローバル化が今後も進展し、しかも各国が主権を持ち続ける国際社会が変わらないのであれば、民主主義はあきらめなければならないことになります。各国は主権を持ってはいるものの、とりわけ経済政策に関しては、政府は民主的に決められた国民の声（福祉の充実など）に従うのではなく、よく言われる「市場（しじょう）の声」に従うことを余儀なくされます（エコノミストはしばしば「マーケットとの対話が重要である」と優しい言い方をしますが)。各国経済は為替レートの変動や格付会社に振り回され、思うようなマクロ経済政策をとることが難しくなるのです。逆に、もし主権国家の枠組みを維持しつつ民主主義も実現しようとすれば、経済のグローバル化を止めなければなりません。一国単位でできるのは、自由貿易を制限し、一方的に為替レートを固定化し、国際資本移動（つまり国境を越えるカネの流れ）を再び規制することになるでしょう。しかし、それは自由貿易の流れに反することになり、他国との軋轢を生むだけでなく、自国の経済活動を縮小させることを意味するでしょう。

また、民主主義を実施する最適の枠組みは国家であるといっても、世界を見渡せば、民主主義国でない国家は多数存在します。たしかに、民主主義国の数は1945年には29ヶ国だったのが、現在では100を超えるまで増加しています。しかしそれでも、民主主義の基準を満たさない国は世界に半分近くあるのです。さらに、内政不干渉の原則を持つ国際社会は、非民主的な独裁国家や権威主義的国家がその体制を維持する格好の隠れ蓑を提供しています。国民国家の枠組みが民主主義にとって最適なのと、民主化が進むことは別問題です。

問題は、民主主義という政治体制の話にとどまりません。人は自文化中心的な思考になりがちです。人間はそのままでは、自分の習慣こそが普遍的で自然なものだと考える傾向があります。その結果、一方で他の文化に対して不寛容になり、他方で自己満足に陥り自分を変えようとしなくなる恐れがあるのです。加えて、文化と国家を同一視してしまう危険も指摘できます。既存の国家の国境線の内側には様々な文化や価値観、あるいは少数民族や宗教的マイノリティなどが存在するはずですが、それらが無視されたり、場合によっては抑圧されたりする恐れもあります。自国が民主主義国であるからといって、手放しで主権国家の枠組みを絶対視してよいわけではないということになります。

そして何より、国民国家が民主主義を実施する最善の枠組みであるとしてグローバル社会の実現を拒否したとしても、グローバルな諸問題に一国で対処することが困難なのは間違いありません。そもそも国境を越え、一国で対処できないからこそグローバルな問題と呼ばれるわけです。グローバル社会という構想は拒否できても、グローバルな諸問題が消えてなくなるわけではないのです。

4　グローバルな公共財と人間の安全保障

国境を越える中央集権的なグローバル社会、あるいは世界政府のようなものの実現は困難でしょう。むしろそれは望ましくないとする意見すらあります。他方でグローバル化が進展しても、それだけでは諸国家が主権を互いに承認し合う国際社会は変わらないまま存続し続けるでしょう。とはいえ、グローバル化がもたらす負の側面や、一国では解決できないグローバルな諸問題は人類が対処しなければならない深刻な課題です。

反グローバル化の声も上がっています。インターネットを利用して世界中から集まった人々によって、先進国首脳会議（サミット）や世界貿易機構、国際通貨基金（IMF)、世界銀行などの国際機関に対して抗議運動がなされるようにもなりました。それでも実態として、国境を越えるヒト・モノ・カネ・情報の移動は増加の一途をたどっています。科学技術がさらに進歩すれば、そのスピードはより加速し、そのコストはいっそう低下するでしょう。人々が豊かさや利便性を求め、グローバル化のなかで厳しい競争にさらされた企業が利益を求め、あるいは生き残りのためにしのぎを削るなかで、この動きを止めることは容易ではありません。だとすると私たちは、次の２つの方向性をもって対応していかなくてはなりません。

１つは、グローバルな公共財という考え方です。言うまでもなく、地球上に存在する資源は有限です。また地球環境そのものが人の手によって多大な影響を受けています。温暖化、大気・海洋汚染、土壌・水質汚染、森林破壊、砂漠化、有害廃棄物の不法投棄や国外への輸出（公害輸出）、生物多様性の危機など枚挙にいとまはありません。国家や企業が無制限に地球資源を利用し続ければ、遠からず枯渇してしまうのは誰の目にも明らかです。実際マグロなどの水産資源は、乱獲によって激減しています。資源の枯渇や地球環境の破壊など、すべての者にとって望ましくない結果を回避する必要があります。資源や環境を持続的に利用できるようにするためには、それを私的な財とみなすのではなく、公のものとする考え方が必要です。近年はサイバー攻撃の問題が深刻さを増しており、健全なサイバー空間の維持もグローバル公共財とみなすべきでしょう。そもそも国際社会を構成している主権や内政不干渉、あるいは領土保全の原則などは、諸国家や様々な社会の共存のための知恵でもありました。グローバル化時代においては、その共存の知恵を拡大する必要があります。その１つが、諸国家の協力によるグローバルな公共財の維持であると思われます。グローバル化が進む世界とは、自国のみの利益の追求が自国の利益にならない世界だとも言えるでしょう。主権を持つ国家間の競争や利害対立は続くでしょうが、国際社会をより成熟させることで共滅は避けなければなりません。

いまひとつの方向性は、人間の安全保障という考え方ではないでしょうか。伝統的な国際社会は、国家の安全保障を最優先に考えてきました。しかしながら、冷戦後、国家が安全であってもそこに住む人々の安全が保証されなければ意味がない、あるいは国家自体が自国民の安全を脅かす場合もある、という視点がより重視されるようになってきました。人間の安全保障とは、貧困や飢餓からの解放、そして教育や医療の普及といった「欠乏からの自由」と、紛争や難民といった課題に対処する「恐怖からの自由」の二本柱から成り立っています。グローバル金融の暴走は、例えば食糧価格を高騰させ、貧しい人々の安全を脅かします。グローバル経済の過酷な競争は、長時間労働や低賃金労働、あるいは違法な児童労働などを強いる「底辺への競争」をもたらしています。小型兵器や麻薬、エボラや新型インフルエンザは国境を越えて人々の生命を奪いかねません。人身売買のような犯罪も国際化しています。国境を越えてモノが移動するなかで、食糧や医薬品の安全確保はますます重要になっています。貧困や極度の格差は、経済成長から取り残されたと絶望する人たちをテロ組織へと引きつけ、私たちの日常を脅かすかもしれません。グローバル化時代の国際社会は、国家の安全のみならず、人間の安全をより重視していく必要があります。多国籍企業を誘致するためとはいえ、労働基準や環境基準を過度に緩めるべきではありませんし、企業に対しても社会的責任を果たすよう促していかなければなりません。

もちろん、各国が主権を持ち世界が諸国家によって分断されているなかで、グローバルな公共財や人間の安全保障といった方向性を実現していくことは容易ではありません。難題の１つが、誰がどれだけそのためのコストを負担するのかという問題でしょう。世界政府のような形で税金を集め、またコストを強制する仕組みがないなかでは、国家間の交渉で公平なルール作りを模索するしかありません。いまひとつの難問として、優先順位の問題が指摘できます。例えば、貧困や格差の解消のために開発を優先するのか、それとも環境保護を優先させるのかに自明の解はありません。実際に政治家は、自国民の声を他国との協力よりも優先することがあり、さらには政権を維持するために往々にして短期的な結果を求めがちでもあります。かりに国家間で合意が成立したとしても、各国が国内の利害関係者を説得して合意を実行することも、しばしば困難を伴います。しかしながら、各国が独善に陥ってしまえば、長期的に全ての国家、すべての人々にとって好ましくない結果をもたらすことになります。共存や持続的発展を可能にするためには、グローバルな観点から国際組織やNGOの提言に耳を傾けることも必要となるでしょう。グローバル化が進むことで自動的に国際社会が成熟するわけではなく、いわんや価値を共有するグローバル社会が自動的に出現するわけでもありません。

それは私たちが、マクロな視点から自分たちの置かれた状況を認識し、自分たちや将来世代について長期的観点から思索するなかで自ら実現していく問題です。国際関係論、さらには社会科学が取り組むべき課題がここにあります。世界のすべての人々が国家によって分断され、そのことが私たちに大きな影響を及ぼしているからこそ、国際関係論を学ぶ必要があります。簡単でわかりやすい答えはすぐに見つからないでしょうが、だからこそチャレンジのしがいがあり、学び考える楽しさがそこにはあるのではないでしょうか。

【読書案内】

押村高『国際正義の論理』講談社、2008 年。

私たちが生きる現代の国際社会がどのように成立したのかを歴史的に繙きながら、主権国家が集まる、国境によって分断されている世界のなかで、国境を越える諸問題について思想的にアプローチしています。

遠藤乾編『グローバル・コモンズ』岩波書店、2015 年。

世界金融危機、食糧安全保障、資源エネルギー、国際人口移動、感染症、テロから開発や自然災害の問題まで、幅広い問題がグローバルな視点から論じられています。

ナヤン・チャンダ『グローバリゼーション人類 5 万年のドラマ』友田錫他訳、NTT 出版、2009 年。

人類の歴史を、様々なものがグローバルにつながる、という視点から描いています。驚くべき知識に基づく歴史絵巻が、ジャーナリストならではの読ませる文章で綴られています。

第Ⅱ部

経済活動を読み解く「知」

第7章　あなたは合理的に行動している？
――行動経済学から見る人間の意思決定

佐々木俊一郎

1　経済学の基本的な問題――希少資源の選択

本章では、経済学はどのような研究分野であるかについて概観するとともに、「実際の人間は経済学の想定通りに行動しているだろうか」という問題について考えます。

突然ですが、本書を手にしているあなたが欲しいものは何ですか？　最新のスマートフォンですか？　それとも人気ファッションブランドの洋服やアクセサリーですか？　あるいは豪華なクルマやバイクでしょうか？　日々忙しく働いている人にとっては、モノよりもゆっくりと過ごすことのできる時間（例えば、数日間の休暇）のほうが望ましいかもしれません。

あなたは欲しいものがある場合、それらをつねに望み通りに手に入れることはできますか？　当然、それは無理でしょう。なぜなら、あなたが持っているお金には限りがあるからです。もしあなたが資産家で、自由に使うことができるお金が十分たくさんあるとしても、時間には限りがあるため（1日24時間で1年365日、日本人の平均寿命は80年余りですので）、自分の望み通りに時間を使うことは難しいはずです。

つまり私たちは、自分が持っているお金や時間など（ここでは「資源」と呼びます）が限られている（希少である）ために「自分のお金や時間をどう使えばよいか」ということを考えなければなりません。言い換えると、私たちはつねに希少資源を選択する必要に迫られているのです。

経済学は最も基礎的な部分では、上記のような希少資源の選択問題について扱います。希少資源の選択問題を厳密に議論するために、経済学ではモデル（現実の経済の重要な部分を抽象化して記述したもの）を使って人間（経済主体）の行動を理論的に分析します。

モデルの例として、ミクロ経済学における消費者行動のモデルを考えましょう。消費者行動の典型的なモデルでは、まず、ある人（以降では、「経済主体」と呼びます）にとっての利用可能な希少資源（例えばその経済主体が持っている予算）の量、その経済主体が購入することができる財やサービスの価格が前提として与えられます。そのうえで、経済主体は自分の満足度（効用）を「合理的に」最大にするように財やサービスの購入量を決定すると考えられています。

ある経済に多くの経済主体が存在する場合、各経済主体はそれぞれ効用を最大化した結果、経済は均衡と呼ばれる定常的な状態に行き着くと考えています。多くの経済主体から構成されるある経済がどのように機能するかを分析するためには、様々な経済問題に応じてモデルの枠組みを作り変えます。例えば、経済主体が利用可能な資源の量や情報の量を変えたり、経済主体同士の資源配分の方法を変えたりし、それぞれの状況で経済主体がどのように効用最大化を行い、結果として経済全体の均衡がどのように特徴づけられるかについて分析を行います。その結果、得られた均衡における資源配分は、経済を構成しているすべての経済主体にとって望ましいもの（効率的）かどうかについて評価を行います。また、もし均衡における資源配分が効率的でないことが明らかになった場合、それを効率的に行うためにとるべき方法や仕組み（あるいは政策）を提案することになります。

2　経済学における合理性の想定

前節において、「経済主体は自分の満足度（効用）を「合理的に」最大にする」と述べました。経済学において、「経済主体は合理的である」という想定は、モデルのなかで人間行動を予測するうえで非常に重要なものです。

ここで言う「合理的」というのはどのようなこと指しているのでしょう

か？　合理的とは一般には、「道理や論理にかなっている」といった意味に捉えられることが多いですが、（読者の皆さんが大学の初年次に学ぶ）標準的な経済学においては、経済主体の合理性は通常、以下のような仮定によって組み立てられています。

経済主体は、
(1) 不確実な事柄や将来に関する事柄を正確に評価したうえで、一貫した選好（物事についての好み）を持つ
(2) 一貫した選好のもとで、自分にとっての効用が最も高くなるような選択を正確に行う

上記の仮定について、以下で詳しく見てみましょう。

(1) の仮定の後半部分である「一貫した選好を持つ」という仮定は、選好の完備性と推移性という2つの性質によって定義されています。選好の完備性とは、経済主体は複数の選択肢が選択可能な状況において、それら選択肢の相対的な望ましさの順序をつけることができる、というものです。例えば、選択肢がりんごとみかんの2種類である場合には、ある経済主体にとっての好みとして、「りんごをみかんよりも好む」、「みかんをりんごより好む」、「りんごとみかんの好みは同じである」という3つの選好順序のうちのいずれかが成り立つことを意味しています。また、選好の推移性とは、複数の選択肢が選択可能な状況において、それら選択肢の相対的な望ましさに矛盾がないことを意味しています。例えば、ある経済主体にとって「りんごをみかんよりも好む」、「みかんをぶどうよりも好む」という選好が成り立っているならば、この経済主体にとっては「りんごをぶどうよりも好む」という選好が成り立つことになります。

次に (1) の前半部分「不確実な事柄……を正確に評価」するという部分を考えます。これは、経済主体は選択に不確実性が関係する場合、その不確実性を正確に認識したうえで選択を適切に行うという仮定です。例えば、ある経済主体は「50%の確率で当たりが出て、当たればりんごをもらえる」く

じと「80％の確率で当たりが出て、当たればりんごをもらえる」くじのどちらかを無料でもらえる状況にあるとします。どちらのくじも当たった場合の賞品はりんごで同じですから、この経済主体は当たる確率が高い後者のくじをもらうはずであろう、という仮定です。

また、(1)の「将来に関する事柄を正確に評価」するという部分も見てみましょう。これは、経済主体は、現在時点を基準として将来の価値すべてを等しい割合で割り引いて評価する、という仮定です。例えば、「今りんごをもらう」ことの満足度と「1週間後にりんごをもらう」ことについての今の満足度はどちらが大きいでしょうか？　当然、「1週間後にりんごをもらう」ことについての今の満足度よりも「今りんごをもらう」ことの今の満足度のほうが大きいでしょう。そう考えると、人間は将来の価値を割り引いて考えるという想定は自然なものと感じていただけるでしょう。さらに、この仮定では経済主体は価値の割引をすべての将来時点にわたって等しい割合で行っていると考えています。例えば、「今日から明日」、「明日からあさって」、あるいは「1年後の今日から1年後の今日の1日後」はいずれも時間の間隔が1日ですので、2つの時点の価値は同じだけ割り引かれると考えています。

次に、(2)の仮定を考えます。(2)の仮定は、経済主体は自分の効用を最大化するための選択を正確に行うことができるというものです。ある経済主体が、りんご、みかん、ぶどうのうちの1つを選ぶことができる状況にあるとします。また、この経済主体の選好が「りんごをみかんより好み、みかんをぶどうよりも好む」というものであるとします。この場合、経済主体は自分の効用を最大にするためには、自分がもっとも好むもの、つまりりんごを選ぶべきです。経済学では、経済主体は自分が選択を行う場合には（選択肢の数がいくつあろうとも）、つねに効用が最大になるような選択肢を正確に選ぶことができると想定しています。

上記の合理性の仮定は、経済学における標準的な想定です。皆さんが勉強する入門的な経済学では、おおむね上記のような合理性の想定を基にして理論が組み立てられています。

3　あなたは合理的に行動している？——経済学における合理性の想定と実際の人間行動

では、実際の人間は、上記のように合理的に行動しているでしょうか？以下の簡単な意思決定に関する問題を考え、あなた自身の答えを出してみてください。

問題1－1

あなたは以下の2つのくじのうち1つをもらうことができるとする。あなたはどちらのくじを選ぶだろうか？

A　80％の確率で4000円もらえるが、20％の確率で何ももらえないくじ

B　100％の確率で3000円もらえるくじ

あなたの解答：＿＿＿

問題1－2

あなたは以下の2つのくじのうち1つをもらうことができるとする。あなたはどちらのくじを選ぶだろうか？

A　20％の確率で4000円もらえるが、80％の確率で何ももらえないくじ

B　25％の確率で3000円もらえるが、75％の確率で何ももらえないくじ

あなたの解答：＿＿＿

問題2－1

あなたは今日1万円もらうか、今日から1週間後に1万1000円もらうかが選べるとしよう。あなたはどちらを選ぶだろうか？

A　今日1万円もらう

B　1週間後に1万1000円もらう

あなたの解答：______

問題2－2

あなたは1年後に1万円もらうか、1年と1週間後に1万1000円もらうかが選べるとしよう。あなたはどちらを選ぶだろうか？

A　1年後に1万円もらう

B　1年と1週間後に1万1000円もらう

あなたの解答：______

問題3

この問題は、複数人からなるグループ（大学生なら、あなたが所属しているゼミなど）で行うとしよう。ゼミのメンバー全員には、0から100までの整数のなかから選んだ数1つをカードに書いてもらう。カードへの記入が終わったあと、全員のカードを集める。集めたカードに書かれた数の平均に1/3をかけた数を計算し、この数に最も近い数を書いた人が勝者となる。勝者には賞金が与えられる。あなたはカードに何と書くだろうか？

あなたの解答：______

問題1

問題1－1と問題1－2を見てみましょう。あなたは、それぞれの問題でどちらのくじをもらうと回答しましたか？　この問題では、あなたが不確実な事柄を正確に認識したうえで、一貫した選好に基づいてくじの選択をしているかどうかを確かめます。

まず、不確実性を正確に認識したうえで選好が一貫している「合理的な」経済主体の選択を考えましょう。問題1－1も問題1－2もくじAの賞金は4000円で、くじBの賞金は3000円でまったく同じです。また、問題1－1のくじAのくじBに対する相対的な当選確率は、0.8/1＝0.8で80％です。また、問題1－2のくじAのくじBに対する相対的な当選確率は、0.2/0.25

＝0.8で80％です。それぞれの問題で相対的な当選確率を正確に評価していれば、問題1－1におけるくじAの相対的な「当たりやすさ」は問題1－2におけるくじAの相対的な「当たりやすさ」とまったく同じです。したがって、問題1－1でくじBを選んだ人は、「問題1－1のくじAの「当たりやすさ」はくじBの「当たりやすさ」と比べてかなり低い」と評価したはずですので、問題1－2においても同様に考えて、くじBを選ぶはずでしょう（同様に、問題1－1でAを選んだ人は、問題1－2でも同様に考えて、くじAを選ぶでしょう）。つまり、不確実性が関係している場合においても選好が一貫している経済主体は、問題1－1と問題1－2で同じ選択肢を選ぶと考えられます。

あなたの解答はいかがでしたか？　問題1－1と問題1－2で同じ選択肢を選んでいましたか？　じつは、過去に行われてきた同様の実験では、多くの人は2つの問題で、同じ選択肢を選んでいないということが報告されています。この問題は、ダニエル・カーネマンとエイモス・トヴァースキーという2人の研究者が提示した問題です。彼らは、この問題を実際に被験者に回答してもらったところ、問題1－1では被験者の80％は問題1－1でBを選び、問題1－2では被験者の65％がAを選ぶという結果が観察されています。では、なぜ多くの被験者（あるいは、読者の皆さん）はこのような一貫しない選択をしたのでしょうか？

多くの人が問題1－1と問題1－2で異なる選択肢を選ぶ背景には、「確実性効果」という心理的・認知的バイアス（歪み）があると言われています。確実性効果とは、人間は不確実性が関係する意思決定において、確実な結果をもたらす選択肢を過度に重視する、というものです。問題1－1において、くじAからくじBに変われば、当選確率は1.25倍になります。しかし、くじBは確実に当たるくじなので、くじBはくじAに対して非常に魅力的に感じられるために、くじBが選ばれる傾向が高くなると言われています。一方、問題1－2においても、くじAからくじBに変われば、当選確率は1.25倍になります。しかし、くじBの当選確率は25％にすぎず、確実な結果をもたらすものではないので、それほど魅力的には感じられません。その結果として、当選確率は低くとも賞金額の多いくじＡが選ばれる傾向が高くなると考えられています。

問題２

問題２－１と問題２－２では、あなたはどのような選択をしたでしょうか？この問題では、あなたの選好が時間を通して一貫しているかどうかを確かめます。

第１節において、経済学においては、経済主体は現在時点を基準としてすべての将来時点における価値を等しい割合で割り引くという仮定があると述べました。

ここではまず、問題２－１と問題２－２において、どのように将来の価値を割り引いたら、どのような選択が導かれるか確認しておきましょう。そのために、１週間後の 1000 円の価値の割引が小さい人と大きい人はそれぞれどのような選択をするか確認します。

１週間後の価値の割引が小さい人は、１週間後の 1000 円を現在評価する際の価値の減少分が小さい人です。このような人は、１週間後の 1000 円の価値は大きいままですので、「1000 円もらえるのなら、１万円の賞金受け取りを１週間延ばしてもよい」と判断するでしょう。言い換えると、将来の価値の割引が小さい人は、辛抱強い人と言えます。逆に、１週間後の価値の割引が大きい人は、１週間後の 1000 円を現在評価する際の価値の減少分が大きい人です。このような人は、１週間後の 1000 円の価値は小さいので、「1000 円もらわなくてよいので、１万円の賞金受け取りを１週間延ばしたくない」と判断するでしょう。言い換えると、将来の価値の割引が小さい人は、せっかちな人と言えます。

問題２－１と問題２－２では、1000 円を追加的にもらうことで１万円の賞金の受け取りを１週間遅らせてもかまわないかどうかを聞いています。問題２－１と問題２－２では、賞金受け取りが遅れる期間は１週間で同じです。しかし、１週間の受け取りの遅れが今日を基準としているか、１年後の今日を基準としているか、という点のみが異なります。

　では、ある人が将来の価値を等しい割合で割り引く場合、どのような選択をするかについて考えましょう。将来の価値を等しい割合で割り引くならば、同じ１週間であれば1000円の価値は今日を基準としても、１年後を基準としても価値の減少分は同じです。したがって、１週間後の1000円の割引が小さい人（辛抱強い人）の場合、今日を基準としても１年後の今日を基準としても賞金の受け取りを１週間遅らせるはずです。反対に１週間後の1000円の割引が大きい人（せっかちな人）の場合、今日を基準としても１年後の今日を基準としても賞金の受け取りを１週間遅らせないはずです。つまり、すべての将来時点の価値を等しく割り引く人ならば、問題２－１と問題２－２で同じ選択肢（両方でＡまたは両方でＢ）を選ぶはずです。

　次に、あなたの解答を確かめてみましょう。あなたは、すべての将来時点の価値を等しく割り引く経済主体のように問題２－１と問題２－２で同じ選択肢を選んでいましたか？　もしかしてあなたは、問題２－１でＡを選び、問題２－２でＢを選んだのではないでしょうか？　だとすると、そうした選択をもたらすあなたの選好は時間を通して一貫しているものではありません。

　そのような選好はどう考えればよいでしょうか？　問題２－１でＡを選び、問題２－２でＢを選んだとしたら、あなたは１年後の１週間後の価値の割引は小さいが、今の１週間後の価値の割引は大きいということを意味しています。言い換えると、「１年後のことであれば１週間待つことができるけれども、今の話であれば１週間待てない」、あるいは「将来の事柄については辛抱強いが、今の事柄についてはせっかち」ということになります。

　こうした人は、「１年後には１週間待つ」と今決めても、時が経って「１年後」が「今日」になったときには、「今もらったほうがいい」と考えを変えてしまうかもしれません。つまり、将来の行動計画を立てたとしても、行動を実行に移す時点がやってくると、計画通りにその行動を実行できないかもしれないのです。テスト勉強の計画を立てたのについ遊んでしまって勉強を先送りにしてしまう、バイト代を計画的に貯金すると決めたのについ無駄使いしてしまってお金が全然貯まらない、ダイエットをしようと心に決めたのに甘い物を目にしてしまうと手が出てしまってなかなかダイエットが実行できない、など計画通りに行動できない経験はあなたにも心当たりがあるかもしれません。だとしたら、あなたは、遠い将来の事柄ついては割引が小さいけれども、今の事柄については割引が大きいという、一貫しない選好を持っていることになります。

これまでの実験研究によれば、多くの人は時間を通じて一貫しない選好を持っていることが確認されています。現実の人間は、遠い将来のことよりも現在を過度に重視してしまう傾向があるためであると言われています。

問題 3

合理性の仮定（2）において、「一貫した選好のもとで、自分にとっての効用が最も高くなるような選択を正確に行う」というものがありました。問題 3 では、あなたが自分にとっての効用が最も高くなるような結果を正確に見つけられるかどうかについて確かめます。

この問題では、「勝者には賞金が与えられる」というルールがありますので、自分にとっての効用が最も高くなる結果は、自分が勝者となり賞金をもらうことです。では、どのようにすれば勝者になれるでしょうか？

まず、経済学の想定通りの合理的な経済主体は、どのように解答するか考えてみましょう。この問題では 0 から 100 までの整数の平均を計算するので、自分以外の全員が書いた数の平均値が 50 であったとします。この状況では、自分が平均値 50 に 1/3 をかけた数を書いておけばこのゲームの勝者になることができるはずです。では、50 × 1/3≒17 と書いておけばいいでしょうか？　いや、ちょっと待ってください。もし他の人全員がまったく同じことを考えていたらどうなるでしょう？　彼らは勝者となるために 17 とカードに書くはずです。すると、全員の平均値は 17 になります。この状況で自分が勝者になるためには、17 × 1/3≒6 と書かなければなりません。しかしここでも、他の人全員が同じ推論をしていたら、彼らは 6 と書くはずです。したがって全員の平均値が 6 となり、自分が勝者になるためには、6 × 1/3＝2 と書かなければなりません。しかし、他の人全員が同じ推論をしていたら……。この推論は何度も続き、全員の平均値が 0. 00000…. となったときに自分が勝者になるためには 0.00000…. × 1/3≒0 と書かなければなりません。つまり、この問題に対する論理的な推論に基づく正解は0ということになり、経済学の想定通りに行動する経済主体はカードに0と書くはずです。

では、あなたの解答をチェックしましょう。あなたは0と書きましたか？もっと大きい数を書いたのではないでしょうか。実際これまでに行われた実験研究においても、被験者が書いた数の平均は20から50の間に入ることが多いことが報告されています。こうした実験結果は、現実の被験者は自分に最適な結果がわかったとしても、それを達成するための手段を論理的な推論によって見つけることが非常に困難であることを示しています（被験者は自分以外の被験者も正確な推論を行わないと信じているために0よりも大きい数を書いている、と考えることもできます）。

では、あるグループのなかでこのゲームを行う場合、あなたが勝者になるためにはどうすればいいでしょうか？　自分以外の人が正確な推論をしていないのなら、自分だけが正確な推論をしても勝者にはなれないでしょう。勝者になるためには、自分以外の人たちが推論を何回繰り返すかを予想したうえで数字を書かなければなりません。つまり重要なのは、自分が高度に論理的な推論を行うことではなく、自分以外の人の平均的な論理性の程度をうまく予想することなのです。

このゲームはイギリスの経済学者ケインズの主張に基づいた「美人投票ゲーム」というものです。このゲームは、私たち人間は高度に論理的な推論を行うことはそもそも困難であるし、そのような人間からなる集団においては自分1人が合理的に振る舞ったとしても良い結果を得られないということを示唆しています。

4　実際の人間行動を検証する――行動経済学

上記で紹介した3つの問題を通して、経済学における合理性の想定に基づく人間行動とこれまでの実験結果で観察された実際の人間の典型的な行動パターンを紹介しました。それらをまとめると、以下の表7-1のようになり

表7－1　合理的な人間行動と実験で観察された行動パターン

	合理的な人間行動	実験で観察された典型的な行動パターン
問題1－1・問題1－2	両方の問題で同じくじを選ぶ	問題1－1ではBを選び、問題1－2でAを選ぶ
問題2－1・問題2－2	両方の問題で同じ選択肢を選ぶ	問題1－1ではAを選び、問題1－2でBを選ぶ
問題3	0を選ぶ	0よりも大きい数を選ぶ

ます。

3つの問題についてのあなたの解答は、経済学が想定している合理的な人間行動と同じでしたか？　それとも、実験で観察された典型的な行動パターンに近いものだったでしょうか？　表7－1のように、経済学が想定している合理的な人間行動と実験で観察された典型的な行動パターンは大きく異なっています。その理由として、実際の人間は不確実性が関係する意思決定では、確実なくじを過度に重視する傾向があること（問題1－1・問題1－2）、現在と将来にわたる意思決定では、現在を過度に重視する傾向があること（問題2－1・問題2－2）、効用最大化の最適手段を見つける場合においては、高度に論理的な推論を行うことは困難であること（問題3）が指摘できるでしょう。

本章で紹介した3つの問題はいずれも、行動経済学の分野で実施されてきた実験のなかで提示された有名なものです。行動経済学は、心理学の研究成果を経済学に応用する比較的新しい研究分野であり、2002年にダニエル・カーネマンとヴァーノン・スミスという2人の研究者がノーベル経済学賞を受賞してから、社会的にも広く認知されるようになりました。行動経済学では、実験などを通じて人間の行動データを分析し、様々な状況における実際の人間の意思決定がどのような傾向を持つかについて検証しています。その結果、実際の人間の意思決定は標準的な経済学が想定しているような合理的なものとは異なり、様々な局面に応じてある特定の行動パターンをとる傾向があることがわかってきました。上記3つの問題で紹介した実際の人間の典型的な行動パターンもそうした研究で明らかになったものです。

行動経済学では、実際の人間の意思決定のパターンを明らかにし、それが標準的経済学で想定している人間行動のモデルと整合的であるかを検証します。そのうえで、もし整合的でない場合、その背景にどのような認知的・心理的要因があるかについて分析しています。また現在では、行動経済学の研究によって明らかになった実際の人間の意思決定のパターンを標準的な経済理論に還元しようという研究も盛んに行われています。行動経済学の研究成果が標準的な経済学に還元されれば、様々な人間行動を説明しようとする経済学への信頼性がさらに高まるものと期待されています。

皆さんが大学の初年次に学ぶ標準的な経済学では、経済主体は合理的に行動するという想定を用いて様々な理論モデルが組み立てられています。こうした想定は、経済理論の厳密さを保証するうえで、あるいは理論の高度な一般化を行う場合には必要であり重要なことです。しかし、読者の皆さんは経済学の勉強を続けるうちに、「経済学ではなぜこのように考えるのだろう？」「教科書のこの記述は本当だろうか？」「私だったら教科書に書いてあるとおりに行動するのだろうか？」という疑問を感じることがあるかもしれません。だとしたらそれは、行動経済学を学び始めるちょうど良いきっかけかもしれません。そうしたときこそ、現実の人間行動の検証にチャレンジし始める絶好のタイミングだと言えるでしょう。

【読書案内】

伊藤秀史『ひたすら読むエコノミクス』有斐閣、2012 年。

これからミクロ経済学を勉強しようとしている人向けに書かれた概説書として最適です。

N・グレゴリー・マンキュー『マンキュー経済学ミクロ編』（第３版）足立英之他訳、東洋経済新報社、2013 年。

ポール・クルーグマン、ロビン・ウェルズ『クルーグマン　ミクロ経済学』大山道広他訳、東洋経済新報社、2007 年。

ミクロ経済学の入門的な教科書はたくさんありますが、上の２冊は扱うトピックが豊富であると同時にわかりやすく、おすすめできます。

依田高典『行動経済学』中公新書、2010年。
友野典男『行動経済学――経済は「感情」で動いている』光文社新書、2006年。
多田洋介『行動経済学入門』日本経済新聞出版社、2003年。
　本章で紹介した行動経済学の入門書には、上の3冊などがあります。

第8章　もしもロビンソン・クルーソーが故郷に帰らなかったら？
――経済学から見る国の発展と貿易

吉井　哲

1　どうして貿易をするのでしょうか？

本章では経済学という学問分野から、国の発展と貿易というテーマについて考えましょう。日本の貿易額は、アメリカ、中国、ドイツに次いで世界第4位です。2014年度の貿易額は、輸出が約73兆円、輸入が約86兆円でした。1年間に日本国内で生まれる富（付加価値）のうち貿易に依存した割合は約33％を占めています。日本の食料自給率（カロリーベース）は約40％、畜産物に仕向けられる飼料の自給率は約27％です。また、世界第5位のエネルギー消費国にもかかわらず、原子力を含まないエネルギー自給率は約5％です。このように、日本国内で生産する以上に日本人がモノを消費しているため、他国から購入する必要があります。

しかしながら、貿易をする理由は、このような「自国で生産できないモノを補うため」とは他の理由もあります。それは、「得意なモノをたくさん作って、作るのが苦手なモノと交換してもらうため」です。こうすれば、より楽にすべての商品が手に入りますよね。でも、すべてのモノの生産が苦手な途上国などはどうしたらよいでしょうか？　貿易をするメリットはないのでしょうか？

また、近年貿易においてはチーム（経済連携）を組むことがあります。各国が世界中の国々と勝手に貿易をするのではなく、ある地域ごとにチームを組んで貿易を円滑に進めようとするのです。何かと話題のTPP（環太平洋パートナーシップ協定）やFTA（自由貿易協定）なども、このようなチームの名前です。近年では、チーム内で行われる貿易の割合が増加しています。アメリカは38%、EUは32%、韓国は35%です。日本は19%となっています。なぜ世界中の国々はこのようなチームを組むのでしょうか？

本章では、このような素朴な疑問に応えるために、『ロビンソン・クルーソー物語』を少し発展させた、「**もしもロビンソン・クルーソーがずっと故郷に帰らなかったら？**」という架空のお話で考えてみたいと思います。国がどのように発展するのか、どうして貿易をするのか、どうして他国とチームを組む必要があるのか、このようなことが「経済学のものの見方」を通じて理解できると思います。

2　ロビンソン・クルーソー物語と経済学

ダニエル・デフォーが1719年に出版した小説『ロビンソン・クルーソー』はご存知でしょうか？　海と冒険が大好きなロビンソン・クルーソーは、両親の反対を押し切って航海に出ます。何度か遭難したあと、たどり着いたブラジルで農場を作り大成功を収めますが、奴隷の買いつけ、および砂金を手に入れるためにアフリカへ向かう途中で、再び大嵐にあい遭難してしまうのです。やっとの思いである無人島にたどり着いた彼は、それから28年後に故郷に帰るまで、この「絶望の島」で工夫をしながらなんとか生き抜いていくというお話です。じつはこの小説、経済学とはどのような学問であるかを説明するために、経済学者がたびたび取り上げます。その理由をこれから説明します。

運良く乗ってきた船が沖で座礁していたため、ロビンソンは船からパン、米、チーズ、ラム酒、衣類、大工道具、ナイフ、鉄砲、弾薬、犬、猫、インク、紙、聖書、タバコなどをイカダで島に運びます。そして、猛獣に襲われないようにテントの周りに柵をこしらえ、生活を始めるのです。食料は、最初はヤギやウサギ、小鳥、カメなどを捕まえていましたが、大麦と稲の穂を見つけたことで、農耕も開始します。また、犬がヒツジを追い詰めて捕まえることにも成功し、牧畜も可能になりました。数年後には、パンやチーズ、バター、そして船を作ることにも成功し、「幸せ」と感じるまでに生活水準は向上するのです。

経済学者がこのお話を好むのは、孤立経済というロビンソンただ１人の生活環境にあります。孤独であるがゆえに、限られた資源（食料や弾薬など）や時間をどのように使うか、ロビンソンがすべての決定をしなければなりません。例えば、働く時間です。ずっと１日中働くことも可能ですが、聖書を読んで祈りを捧げる時間なども、人間らしい生活のためには必要となってきます。そうでなければ、孤独に絶望して死んでしまうかもしれません。長く働けばそれだけ食料を得ることができますが、その分、余暇時間は減少しますね。このように、何かを追求すればもう一方を犠牲にしなくてはならない状況や関係のことをトレードオフと言います。

縦軸に収穫可能なバナナの量、横軸に余暇の時間を考えてみましょう。図８–１のグラフは、余暇が減ると、バナナの収穫量が増えることを表しています。自分の欲しいバナナの量と過ごしたい余暇時間を考えて、働く時間をロビンソンは決定するのです。また、**a. 島に来たばかり**と、**b. 数年後**を比べると、同じバナナ収穫量100本でも、数年後（点Ｂ）のほうが余暇時間は長いことがわかります。これは、数年の間にバナナを取るのが上手になったおかげで、長時間働かなくてもよくなったからです。

このようにして働く時間を決めると、今度はその時間をどのように使うかを決めなくてはなりません。ロビンソンはある１日、猛獣から守る防護柵作成と食料用のシカを捕獲するために働くことにしました。図８–２は縦軸に防護柵作成数、横軸に捕獲したシカの数を考えます。グラフの曲線（生産可能性フロンティアと言います）は、１日に作成可能な防護柵と捕獲可能なシ

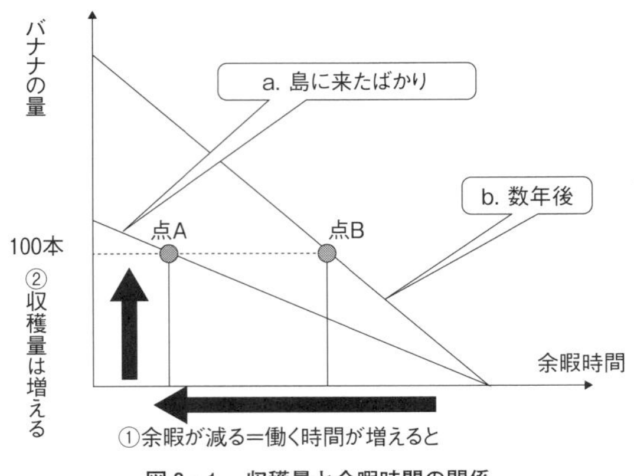

図８－１　収穫量と余暇時間の関係

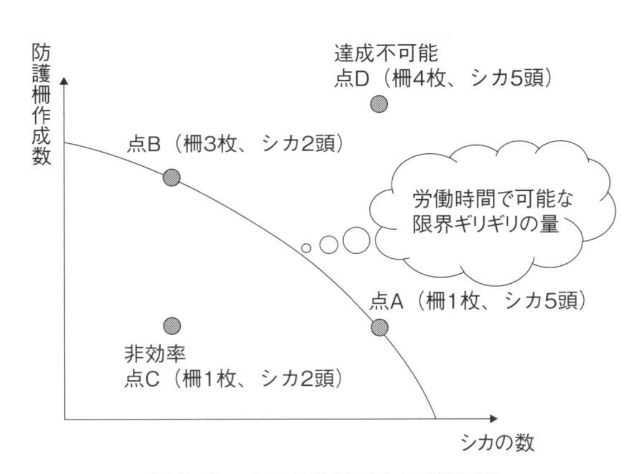

図８－２　１日の労働で達成可能な量

カの数の限界ギリギリの量です。つまり、点Ａ（柵１枚、シカ５頭）や点Ｂ（柵３枚、シカ２頭）の量は１日で両方共に達成可能ですが、点Ｄ（柵４枚、シカ５頭）は達成できません。点Ａか点Ｂの量をロビンソンは選択しなければなりません。食料に余裕がなくなってきた場合には点Ａを、猛獣の脅威が感じられる場合には点Ｂを選択するでしょう。逆に、点Ｃ（柵１枚、シカ２頭）は選択されません。なぜならば、防護柵作成かシカ捕獲に時間をもっと割くことができるため、１日の時間の使い方が非効率となってしまいます。

時間の使い方のほかにも、トレードオフの関係はあります。例えば、ロビンソンは最初、鉄砲を使ってヤギを仕留めます。しかしながら、ヤギをすぐに食べることはできますが、いつかは弾薬が底をついてしまうことは明白です。鉄砲を使わずにヤギを捕まえ、すぐに食べることを少々我慢し、増やしてから少しずつ食料にすれば弾薬も無くならずにすみます。こうすれば、猛獣から身を守ることにも弾薬を使用可能となります。つまり、現在の消費と将来の消費（ヤギ肉の生産）においてトレードオフ関係が存在します。この場合にも、ロビンソンは選択を迫られるのです。

人間は様々なトレードオフのなかで生活しています。ロビンソンにおける食料や弾薬、労働時間などのように、人間は制約のあるなかで複数ある選択肢（機会集合と言います）から行動を選びますので、合理的な選択が必要となってくるのです。現在主流の新古典派経済学においては、選択肢が複数ある場合、どのように合理的な選択をすればよいかが主要トピックとなっています。

ロビンソンは孤独な島での生活を始めてから26年目に、人食い人種に追われていた黒人の青年を助けました。そして、ロビンソンによってフライデーと名づけられたこの青年との出会いが、生活を大きく変えます。

A）生活資源の配分

今までは1人で暮らしていたので、食料や鉄砲などの道具もすべて1人で消費していましたが、今後は2人で分けなくてはなりません。例えば、魚とバナナの現在存在している量、経済学ではこれを賦存量と言いますが、これをどのように2人で分けたらよいでしょうか？　魚とバナナの全体量を図8−3のようにボックスに書いてみましょう。左下からはロビンソンの、右上からはフライデーの立場を考

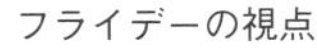

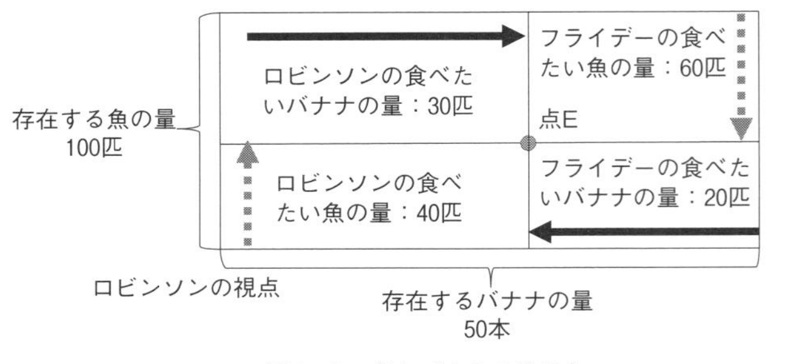

図8－3　魚とバナナの分け方

えることができます。縦軸に魚の量、横軸はバナナの量です。

必ずこのボックス（エッジワース・ボックスと言います）の内側のどこかの点（今回は点E）で、資源の配分量が決まりますね。経済学では個々人が種々の商品を消費した時の満足度（効用）を考え、制約があるなかで満足度が最大になるように考えます。このように、経済社会においては効率的な資源配分をどのようにすればよいかが問題になってくることがわかりますね。

B）分業の効果

生活が２人になったことで、食料が２倍早く消費されますが、良いこともあります。それは、食料をたくさん採取可能になったり、その他の作業効率が良くなります。ロビンソンとフライデーで手分けをして、漁や狩猟、農耕、牧畜、道具作りなどができるのです。仕事を分担したり、生産の全工程をいくつかの段階に分け、それぞれを違う人が分担して遂行することを分業と言います。アダム・スミスが経済学の父と言われるのは、まさにこの分業が生産能力を高め、国ごとの発展の相違を生み出していることを明らかにしたからなのです。一般的に、分業が生産能力を高める理由として、次の３点が考えられます。

1. 労働特化（同じ作業のみを行うこと）により個人の技能が向上する
2. 道具や場所を変える際の時間を節約できる、つまり、作業時間を長

くできる

3. 作業内容が特化されることで、機械化が容易になる

ロビンソンたちが機械化を進めることは当然できませんが、フライデーが来たことで、食料採取量や作業効率は2倍以上になったでしょう。その結果、生存可能性はより高まりますし、より多くの余暇時間も生まれ生活が豊かになるのです。

C）絶対優位と比較優位

しかしながら、分業制をとることで、新たな問題も生まれます。それは、ロビンソンとフライデーがそれぞれどの仕事をすれば最も効率的かという問題です。魚を捕るにも、狩りをするにも、道具を作り、実際に捕まえるまでには時間がかかります。例えば、魚100匹、ヤギ1頭を捕まえるのに、ロビンソンとフライデーでは次の時間がかかるとします（表8－1）。

表8－1からわかることは、ロビンソンはヤギを捕まえるのが得意で、フライデーは魚を捕るのが得意ということです。このように、「他」と比べてより得意（生産力がある）なことを絶対優位（ぜつたいゆうい）と言います。ロビンソンは狩猟（ヤギ）に絶対優位が、フライデーは漁（魚）に絶対優位があります。

このような場合、それぞれが得意な作業を行うことが、より効率的です。なぜならば、ロビンソンが自分で両方（魚とヤギ）を得るには180時間必要で、フライデーは210時間かかります。もし、ロビンソンが得意なヤギを2頭捕まえ、フライデーが得意な魚を200匹捕まえたあと、お互いに分け合えば（それぞれ100匹と1頭）、自分で両方を捕まえなくてもよいわけです。しかも、ロビンソンはヤギ2頭で160時間（80×2）、フライデーは魚200匹で

表8－1　絶対優位の例

	魚：100匹	ヤギ：1頭	両方捕まえるには
ロビンソン	100時間	80時間	180時間
フライデー	90時間	120時間	210時間

表8－2　比較優位の例

	魚：100匹	ヤギ：１頭	両方捕まえるには
ロビンソン	100時間	120時間	220時間
フライデー	90時間	80時間	170時間

180時間（90×2）ですので、ロビンソンは20時間の労働時間節約（180−160）、フライデーは30時間の労働時間節約（210−180）となり、全体で50時間も効率的となります。

それでは、表8−2のような状況ではどうでしょうか？　ロビンソンはフライデーと比べて、何をやるのも苦手な状況です。ロビンソンは役に立たないのでしょうか？

このような場合、今度は「自分のなかで得意な作業」を行うことが、社会全体にとってはより効率的です。この「自分のなかで得意な作業」を比較優位（ひかくゆうい）と言います。もし、ロビンソンが自分のなかで得意な漁で魚を200匹捕まえ、フライデーがより得意なヤギを2頭捕まえたあと、お互いに分け合えば（それぞれ100匹と1頭）、自分で両方を捕まえるよりはマシになります。ロビンソンが自分で両方（魚とヤギ）を得るには220時間必要で、フライデーは170時間かかります。ロビンソンは魚200匹で200時間（100×2）、フライデーはヤギ2頭で160時間（80×2）ですので、ロビンソンは20時間の労働時間節約（220−200）、フライデーは10時間の労働時間節約（170−160）となり、全体で30時間も効率的となります。

他者と比べて得意なことがない人でも、「自分の得意なこと」をすれば、社会にちゃんと貢献できます。このことは、国同士の貿易においても同じことが言えます。ゆえに、すべてのモノの生産が苦手な途上国であっても、貿易に参加するメリットはあるのです。

3　もしもロビンソン・クルーソーがずっと故郷に帰らなかったら？

A）クルーソー王国誕生！！

ロビンソンは乗組員の反乱にあってこの島に連行されてきたイギリス人の船長らを救い、とり戻した船で故郷に帰ります。『ロビンソン・クルーソー』の物語はこれで終わりです。ここで「If」、ロビンソンが故郷に帰らず、王国を作って島に暮らし続けたらどうなるでしょうか？　最後に出会うイギリス人数名と他の島からロビンソンの島に来ることになっている 17 人のスペイン人とクルーソー王国を作るのです。

【クルーソー王国はこのような国です！】

✓自給自足で生活できるほどの経済基盤は、すでにロビンソンとフライデーが作り上げていました。

✓ロビンソンは良い国王であるため、先進国での暮らしに飽き飽きしていた人々、あるいは資本主義経済に疲れきった人々が他国からしばしば流入してきます。

✓先進国の暮らしを捨ててきた人々のため機械化などは進まず、自給自足経済か、少々の分業制が進んだくらいの経済は維持されます。

✓しかしながら、ロビンソンを含め国民は先進国出身の人間が多いので、文化的には進んでおり、工業製品や聖書（書物）などを欲しがります。

✓また、取るに足らない小国であるので、他国からの武力を用いた侵略はないものとします。取るに足らない小国（小島）であるが、近くには無数の同様な無人島が存在し、それらを合わせれば土地は比較的広くなる可能性はあります。

【今後予想される展開】

クルーソー王国では本などの製品（文化財）は作れないので、他国から購入する必要があります。ロビンソン物語同様に船は製作可能です。他国と貿易をするためには、代金を支払わなければなりません。しかしながら、クルーソー王国は物々交換で暮らしていたので、貨幣はありません（もっとも、「欲望の二重の一致：相手が欲しい物と自分があげられる物、自分が欲しい物と相手があげられる物、この２つのことが一致すること」が存在するので、一番人気があり、誰もが欲しがる商品が貨幣になるかもしれません）。ゆえに、支払いのためには先進国のお金が必要です。

クルーソー王国では、農機具・漁業道具などの工業製品も作ってはいますが、島の名産品は海産物です。そこで、先進国へ名産品を持って行き、それを売ることができればお金が得られます。そして、そのお金で文化財を購入すればよいのです。お金を効率的に稼ぐには、国民皆で海産物を採り、たくさん売ればよい（比較優位である漁業に特化）ということになるでしょう。そうすれば、国民全員に文化財が行き渡り、よりハッピーな生活になります。

クルーソー王国がこのような発展経路をたどれば、物々交換をベースにした経済のため国民同士の結びつきも強固で、加えて文化財も手に入るので、国民は精神的にも豊かな生活を送ることができるかもしれませんね。

B）クルーソー王国がちょっとだけ発展してきました。

【王国の状況】

✓市場経済を採用している共同体と交易をすることで、市場経済が王国にも導入されていきました。

✓ロビンソンの顔が描かれた紙幣もできましたし、外国の工業製品もどんどん入ってきます。

✓聖書を読む時間（余暇）も増え、誰もが生活には困りません。

✓お金に困っている人を皆で助けたり、病気の人、働くことができない人を皆で扶養するなど、国民同士が相互扶助をするシステム（例、日本の「結（ゆい）」）もできています。
✓人々の結びつきは非常に強固で、コミュニティ内の結束もあります。

【今後予想される展開】

このような国の状況では、2つの将来が考えられます。1つ目は、これ以上の経済的発展を追求せず現状を維持する、2つ目は、経済的な発展を目指す成長経済です。ここで、遭難する前にブラジルで農園経営に成功した経験があるロビンソンが、国民生活のさらなる向上のため、国の富を増やそうと決心します。国民投票でもこれは認められました。

第一次産業よりは、やはり利益率の高い工業製品（例えば、綿織物など）を作って売りたいということになりました。しかしながら、工業製品を作って売るにはお金がたくさんかかります（小さい島なので、他の場所に土地を借りる必要もあるかもしれません）。そこで、お金を出せる人が運営資金を提供し、かわりに、出資額に応じて利益を受け取る仕組み（株式会社クルーソー）を作りました。

質が悪いながらも、何とか工業製品ができました。先進国は大変思いやりがあるので、クルーソー王国の製品を無条件で受け入れてくれます（自由貿易）。しかしながら、クルーソー王国は工業製品を作るのが得意ではなく、製品の質が悪いのでまったく売れません。これではかえって国が貧しくなるので、得意な第一次産業を再び頑張ることにしました。交易は順調に行われ、ロビンソン王国は再び活気を取り戻します。

しかしながら、

【いつまでたっても豊かにならない！】

✓それは当然です。第一次産業製品の輸出に特化して先進国と貿易を続ける限り、利益の大きい工業製品を作ることはできないからです。

✓これは、別に先進国のせいでもありません。生産能力に差があるので、仕方がないのです。

✓このように、一見平和的な自由貿易によって、途上国の発展が阻害されることを自由貿易帝国主義などと言ったりもします。

✓クルーソー王国の人々でさえ、先進国の工業製品を使っています。

【今後予想される展開】

そこで、ロビンソンは先進国企業に太刀打ちできるように、王国の工業製品企業を育てようと考えました（幼稚産業保護）。まずは国内での販売を増やすために、外国の製品に税金をかけて、値段を高くしました。こうすれば、自国の製品が国民にとって安く感じられますので、自国の工業製品が売れ、さらに利益を経営資金や製品改良費に当てれば、工業製品の質が向上していきます。国内の工業製品の質が向上したら（企業が育ってきたら）、再び外国製品の税金をなくすのです。

C）クルーソー王国が世界において中程度の稼ぎがある国になりました。

【王国の状況】

✓幼稚な産業を保護することで、クルーソー王国の工業化は進んでいます。

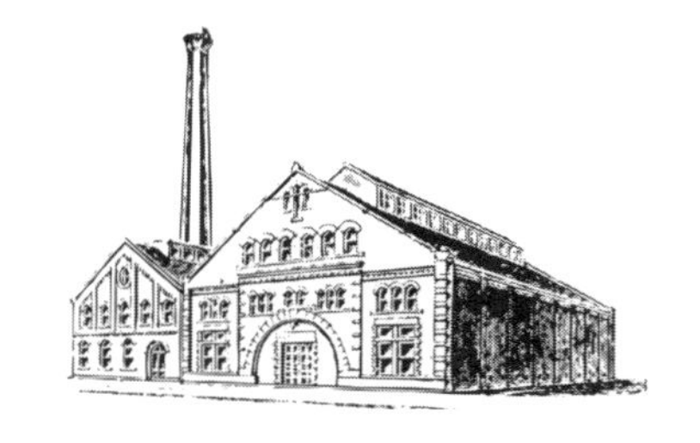

✓しかも、製品の質も上がる一方で、王国の労働者の給料は低く、先進国よりも安く作ることができます。
✓当然、高品質低価格ですので、先進国ではたくさん売れるようになり、クルーソー王国は儲かりました。
✓このような状況ですので、仕事を求め外国人が流入してきます。
✓領土も拡張しているかもしれません。
✓分業もさらに細分化していきます。
✓人々の結びつきは、少し弱まってきました。

【今後予想される展開】

先進国では自国の工業製品がクルーソー王国に比べて高いので、売れ行きは低下します。そこで、クルーソー王国の製品に税金（関税）をかけて、自国の製品よりも高くしてしまいました（保護貿易）。こうなると、クルーソー王国程度の規模の国は、物が売れずに景気が悪くなります。また、先進国の国民も被害を受けます。せっかく高品質低価格の商品が買えていたのに、それができないからです。

このような状況ですので、先進国が商品を買ってくれないならばと、他の途上国も物を売りませんし、買いません。世の中がなんだかギスギスしています。途上国のなかにはエネルギー資源を豊富に持っていた国もありましたので、これは先進国にとっても痛手です。

そこで

【地域ごとに連携を組むことにしました！】

世界秩序のためにも、「皆が助けあって自由に交易をしたほうがよいのでは？」と言い出す国も現れます。そこで、ごく近い地域の国同士が集まって、他の地域に対抗しようと考えました。先進国も小国もこの仲間に加わります。仲間同士の交易では、相手の国の製品に税金をかけたり、検閲（わずらわし

い商品の検査）をしないことにしました。ただし、どうしても自国にとっては嫌なとき、例えば、保護をしたいときには、仲間内で交渉することで認めてもらえました。それは、この仲間が地域の緩やかな連携で、国ごとに決まっている相互扶助のシステムにはまったく干渉しなかったからです。

こうして、第一次産品や工業生産物は比較的スムーズに取引されるようになり、また、仲間を作ったことで仲間内では自国の商品が必ず売れるようになりました。ロビンソン王国も経済的には富が増えていきました。

D）連携が強化されていき、いろいろなことが全世界で統一されていきます。

【王国の状況】

✓ロビンソン王国は幸せに暮らしていました。そして、この連携に入る国も増えてきました。

✓しかしながら、連携仲間の国には経済的にうまくいっていない国もありました。

✓ある国は、自国製品をどんどん輸出しますが、他国の製品をあまり輸入せずにいました。仲間内の優しさに甘えて、他国製品に税金をかけたり、他国の企業に売らせない仕組みなどを作っていたのです。

✓例えば、外国企業がその国でビジネスをやろうと思っても、参入できないなどです。これは、自国の経済を守るためです。

【今後予想される展開】

仲間内の優しさに甘えて自由なビジネスを阻害する国が現れたため、各国はすべての商品で関税がまったくない同盟を結ぼうと考えました。クルーソー王国にとっては、交易の規模がより拡大し、また、海外の製品を安く手に入れるチャンスも生まれます。また、エネルギー資源も安く入手できそうです。経済的には発展するかもしれません。しかしながら、デメリットもあります。例えば、クルーソー王国では、野菜は有機栽培でした。国民がそれを望んでいたからです。しかしながら、農薬をガンガン使う国の野菜が安く輸入されることから、これを購入する国民が増え、健康が阻害されるかもしれません。

また、すべての商品の関税がなくなり、世界が１つのマーケットになります。クルーソー王国では、お金に困っている人を皆で助けたり、病気の人、働くことができない人を皆で扶養するなど、国民同士が相互扶助をするシステム（日本の「結」のように）がありましたが、これが外国企業にとっては参入障壁（ビジネスが自由にできない！）とみなされ、すべてがお金の契約関係になるかもしれません。そうすれば、例えば、お金がある人はより良い医療を受ける、仕事がない人は放置されるなどの、コミュニティの崩壊も考えられます。加えて、食文化や通貨も世界的に統一され、クルーソー王国の伝統的な食文化、ロビンソンの絵が書かれた紙幣がなくなってしまうかもしれません。また、この同盟は一度決まってしまうと、もう二度と保護貿易に戻ることはできません。この同盟に参加すると、自分たちが作ってきた相互扶助は市場経済に駆逐されるかもしれません。

しかしながら、経済的にはより裕福になるかもしれませんし、また、貿易同盟に加入しなければ、世界から村八分にされるかもしれません。村八分に

なると、エネルギー輸入などの貿易ができなくなり、貧しくなるかもしれません。そして、貿易同盟のルール作りに最初から加わっておいたほうが、有利に貿易が進むかもしれません。

あなたがロビンソン・クルーソーならば、この経済連携に参加しますか？クルーソー王国はどうしたらよいでしょうか？

4　このお話から考えられること

この章では、小説『ロビンソン・クルーソー』から経済学的に読み取れることを最初に考えてみました。トレードオフや生活資源の配分、分業の効果、比較優位などです。経済学の考え方を用いることで、このような社会生活の裏にひそむ仕組み（システム）を解明することができます。その後、小説にはなかった「島に留まり王国を作る」という「もしも……」のお話から、国の発展や国際協調にいたる経路を、経済学的知識を用いて推測してみました。もちろん、現実の世界ではクルーソー王国のように急激に発展をするわけではありませんし、なにより、王様はこんなに長生きしないでしょう。また、技術の進歩や導入のスピードも今回のお話では無視しています。ある意味、人類の発展の歴史を、クルーソー王国の発展という形でギュッと縮小して話していると言えるかもしれません。

ロビンソンの決断やクルーソー王国の発展経路から様々なことが読み取れますが、特に皆さんに考えていただきたいのは、経済的富と幸福度に関してです。一般的に途上国では金銭的環境が改善すると、幸福度が増大すると言われています。一方で、先進国では金銭的な要素の他に、人付き合いを含んだ文化的・精神的な要素が幸福度に関係すると言われています。ちなみに、国連による2015年版幸福度調査によると、世界158ヶ国のなかで日本は幸福度第46位であり、トップ3はスイス、アイスランド、デンマークでした。

クルーソー王国においても、ターニングポイントがあります。1つ目は「**これ以上の経済的発展を追求しない現状維持、あるいは、経済的な発展を**

目指す成長経済」のどちらを選択するかです。クルーソー王国は孤立した物々交換経済ですので、利益の追求を目的とした市場経済（資本主義経済）とは異なります。人々は必要な分だけモノを入手し、人付き合いも緊密でしょう。市場経済を王国に導入すると、経済的には裕福になります。資本主義経済の強さとは、利益の追求を目指す競争環境のおかげで、イノベーションが促進されることです。イノベーションとは新しい商品を生み出すというだけではなく、新しい生産方法、新しい販路（売る相手）、原材料の安い供給源などを見つけることでもあります。人々の豊かになりたいという欲求のおかげで、社会全体が発展するのです。実際に、社会主義国ないしは社会主義であった国々が、市場経済を導入後に目覚ましい経済発展を遂げていることが20世紀の後半から観測されています。まさに、市場経済の強さが発揮された結果であると言えましょう。

しかしながら、幸福度を考えると難しい問題になります。戦後の日本では1人当たりの稼ぎ額が数倍に上昇したのに、国民の幸福感が数倍には上昇していません。幸福度とは主観的なものであり、測定することは非常に難しいですが、いずれにせよ金銭的富に比例してどこまでも上昇するものではないことは、皆さんも経験的にわかると思います。幸福度はいろいろな要素で変化しますが、1つの要素として人付き合いがあると思います。人間誰しも誰かとかかわっていたい、認められたい、人の役に立ちたい、といったコミュニケーション上の欲求を持っているのではないでしょうか？　よくマンションの隣に誰が住んでいるかもわからないと最近は聞かれますが、このように人々の結びつきが弱くなり、地域コミュニティが崩壊してきていると言われています。市場経済の導入にのみ、その原因があるわけではありませんが、経済社会が発展するにつれてその傾向が強まるのは事実です。市場経済では、究極的にはあらゆる関係が金銭上の契約関係になると考えられます。例えば、最近では結婚式に出席してくれる友達や、運動会に参加してくれる運動神経のいい父親もお金でレンタルすることができます。お金を払えば、人間関係すら購入可能なわけです。

ターニングポイントの２つ目は、**「強固な経済同盟に参加するかどうか」**です。すなわち、グローバル化圧力に関する問題です。TPP（環太平洋パートナーシップ協定）とは、すべての品目やサービスに関して例外なく税金（関税）を撤廃し、貿易手続きなども統一する協定です。一般的に、関税や食品・製造品に使用される薬品などの添加物の基準、外国企業が活動する際の規制などは、国力に相違があるため各国の事情に応じて異なっています。このような各国で異なる基準を設けていては、貿易の際に「わずらわしさ」があるため、モノ・カネ・サービスなどあらゆる分野で障壁を撤廃しようとする協定です。ややこしい貿易のルールは撤廃されるので、貿易が活性化（新たなビジネスチャンスが生まれる）すると言われています。また、日本は食料・エネルギーを輸入に頼っていますので、それらが安定的に確保できるという安心感もあります。

しかしながら、クルーソー王国の物語で見たように、失われるかもしれないものがあるのも現実です。例えば、王国に固有の文化（祭り、食事、芸能など）や制度（お金、セーフティーネット）がなくなるかもしれません。現実の世界では、スローフード運動というものが盛んです。スローフード運動とは、ファーストフード、すなわち多国籍企業が提供する画一的な食事ではなく、地域の伝統的な食事を大切にしましょうという動きです。前節にある絵は「天使と悪魔」が向かい合っていますが、経済連携に参加するか参加しないか、どちらが天使でどちらが悪魔であるかは、皆さんの考え方によると言えるでしょう。

経済発展と密なコミュニティの形成は、ある意味、トレードオフと言えます。その「あんばい」を見極めること、そして、その代替案を考えることは、現代の経済学に課された重要な宿題とも言えるのです。また、経済学を学ぶことは実生活の「ある時」に非常に役立ちます。それはずばり、選挙です。どの政党が政権を握るかによって、社会はがらりと変わります。2009年に民主党が政権を握ると、格差是正や友愛など、どちらかと言えば全体主義的な、国民の連帯を重視した社会を目指しました。その後、再び自民党が政権を握ると、どちらかと言えば経済的富を重要視した政策が増えています。経済社会がどのような状態になるのが望ましいのか、経済学はそのようなことが判断できる「目」を提供してくれるのです。

【読書案内】

アダム・スミス『国富論』大河内一男訳、中央公論社、1978年（原著1776年）。

経済学の父と言われるアダム・スミスの不朽の名作です。当時は重商主義（他国との貿易で儲けることが唯一の富の源泉であると考える主義）と資本主義が並存していた時代でした。重商主義では、貿易により得られた富（貴金属など）を王族・貴族が浪費しており、国内の産業には使われていませんでした。それゆえ、国内の産業がまったく育たなかったのです。スミスにとって国の富とは、他国との貿易により得られる貴金属ではなく、人々の労働によって作られる生活必需品ですから、重商主義を批判しました。そのため、貿易に頼らなくても分業によって国の富が増えるということをスミスは論理的に説明します。本章で扱った貿易は、国内では作ることができない、あるいは上手く作ることができない商品を得るための、補完的な役割を果たします。

西部忠『貨幣という謎――金（きん）と日銀券とビットコイン』NHK新書出版、2014年。

「なぜそれ自体はなんの価値も持たない貨幣が人々の間を流通し、欲望の対象となっているのか」、このような「貨幣」の本質に迫る必読書です。貨幣の起源からいま流行のビットコインまで扱っています。西部氏は、貨幣の存在自体が謎である、そして、「経済という生き物」を理解するうえで一番重要なのが「貨幣」であると考えます。本書では、貨幣は「観念の自己実現」として存在しているとされています。「観念の自己実現」とは、「人々が同じようなことを考え、一斉に同じ方向へと動いてしまうと、それによってある観念が現実のものになる」、つまり、貨幣をみんなが欲しがるのは、その貨幣というモノで商品を買うことができるとみんなが信じている、それゆえ、貨幣が存在することができるのです。そして、このような「観念の自己実現」がブームやバブルを発生させ、経済を不安定にすると西部氏は考えますから、貨幣の謎に迫る必要があるわけです。

第9章　どのように政策を評価する？
――財政学から考える財政健全化問題

広田啓朗

1　財政とは何か

本章では、財政学という学問分野から、政府が実施する政策をどのように評価するのかを考えていきましょう。

皆さんは、テレビや新聞などで日本の財政状況は悪化しているという話を耳にしたことがあるかもしれません。国が抱える借金は、2015年度時点で、約1000兆円を超えると言われています。急に、国には1000兆円もの借金があると言われても、そのようなお金は見たこともないし、皆さん自身が借金をした覚えがないという人もいるでしょう。また、日本が抱える財政問題は、国の財政問題だけではありません。近ごろ、地方創生や地域活性化というキーワードをよく聞きますが、私たちの生活に直接的にかかわりのある都道府県や市区町村といった地方公共団体も多くの借金を抱えていることが1つの原因でもあります。

財政とは、政府のお金の出入りのことを指しています。これは、個人の収入と支出と同じようなものです。政府の財政では、個人の収入にあたるものを「歳入」と呼び、個人の支出にあたるものを「歳出」と呼びます。政府の主な歳入では、皆さんから集める税金や公債発行（いわゆる借金）によって政府活動に関する財源を公的に調達します。政府の歳出では、公的に調達した財源から、私たちの生活に欠かすことのできない、道路の建設、街灯の設置、警察やゴミ処理など様々な公共サービスに支出されます。すなわち、財政とは、公的に調達される財源である歳入と公共サービスに対する支出である歳出の両面を指しています。

政府の場合は、主な収入である税収の範囲内で公共サービスを提供することができれば、大きな問題にはならないでしょう。もし、税収の範囲を超えて公共サービスを提供するならば、借金で財源を賄うことが必要になることがあります。この借金が、返済できないまま積み重なっていくとどうなるでしょうか。政府とはいえ、多くの借金を抱えてしまうと、お金を貸した人からの信用を失ってしまい、財政破綻へと陥ってしまう危険性があります。

もちろん、国をはじめとして地方公共団体は、このまま財政状況が悪化していくことを黙って見ているだけではありません。毎年の財政赤字や積み重なっている借金の問題を解決するために様々な政策を打ち出し、実施してきました。アベノミクスの３本の矢として実施された財政政策をはじめとした各政策は、経済成長と財政健全化を目的とした政策の一つと言えます。企業の行動に影響を及ぼす参入規制や価格規制、特定の産業を育成するための補助金も政策と言えるでしょう。

また、政策と言えば、地方公共団体が行う様々な政策をイメージする方もいるでしょう。例えば、地域経済を活性化させるため、プレミアム商品券の導入や私たちが住む市町村に企業を誘致することも政策にあたります。

しかし、皆さんのなかには、それらの政策による効果はどの程度あったのか、疑問を持った人もいるでしょう。それらの政策による効果はあったのでしょうか。それとも効果はなかったのでしょうか。また、様々な政策の効果はどのように測ればよいのでしょうか。

本書の読者のなかには、これから大学で学問を学ぶ人もいれば、国や地方公共団体で働いている人もいるかもしれません。昨今、地方創生という言葉とともに、地域のあり方が問われるようになり、地域独自の色を出すために、公務員だけでなく大学生や地域住民が一体となって地域活性化政策に取り組んでいます。ただし、これらの政策の効果を測ることは大変難しいと感じる人も多いでしょう。

本章では、財政学という学問分野で研究が蓄積されている市町村合併政策の評価というテーマを例に挙げながら、研究者がどのような視点・方法で政策の効果を測ろうとしているのかを紹介していきます。

2　市町村合併政策を財政面から評価するには

　まずは、財政問題と市町村合併のかかわりを簡単に説明します。市町村合併とは、その名のとおり、市町村同士が合併をして、新しく一つの行政区域を形成することを指します。2000 年代には、平成の大合併と呼ばれる大規模な市町村合併が実施されました。1998 年度に 3232 団体存在していた市町村が、1999 年度に平成の大合併第一号として実施された兵庫県篠山市をはじめとして、2006 年度には、合併によって 1821 団体まで減少しました。さらに、市町村数は、2014 年度末には 1718 団体まで減少しています。

　国・地方の財政状況が悪化するなか、これほどまでに大規模な市町村合併が進められた理由は、少子高齢化・人口減少社会に備えた市町村の行財政力の強化と、スケールメリットによる歳出削減効果を目的としていたからです。スケールメリットとは、たくさんの人数で公共サービスにかかる費用面の負担を分け合ったほうが、住民１人当たりの費用は安くすむという考え方だと思ってください。

　平成の大合併は、地域住民から自発的に発生した現象というより、どちらかと言えば、市町村合併を選択するかどうかの議論は国の政策によって提示されたことがきっかけでした。すなわち、国は、地方の過疎化や財政状況の悪化を懸念し、１つの解決策として市町村合併を進める政策を用いたのです。もちろん、国は、すべての市町村に合併することを強制したわけではなく、合併の意思がある市町村に対して様々な合併支援策を打ち出すという形で市町村合併政策を行いました。それに伴い、国は、合併団体に対して様々な財政支援措置を設けました。これらの合併支援策は、2006 年度までに合併を選択した市町村に対して、合併後に重点的に財政支援措置を実施すると約束したものでした。国からの財政支援の存在は、税金を利用して市町村を支援する政策を行うことになるため、政策の効果を評価・検証するということが求められます。

さて、市町村合併という政策の効果は、どのように測ればよいのでしょうか。市町村合併の効果といっても様々な視点があります。地域住民の暮らしの満足度がどのように変化したのか、公共サービスの提供における効率化や行財政運営の体制は強化されたのかなど評価の視点はたくさんあります。

このように多岐にわたる視点を同時に検証することは、なかなか難しいことです。本章では、財政面の評価、主に市町村合併を進めた理由の１つして挙げられていた歳出削減効果の検証という点に絞って話を進めていきます。

実施された政策を評価するには、いくつか方法が考えられます。まず、現実にその政策を受けた人や団体にヒアリング調査をするという方法があります。ヒアリング調査は、政策を受けた人たちの意見を直接知ることができるとても有益な方法です。例えば、市町村合併による地域住民の満足度や行財政組織の運営のあり方について、現地で当事者から意見を聞くことはとても大事なことです。財政面においても、ヒアリング調査によってどのくらい財政状況が改善したかを検証することも可能です。ただし、ヒアリング調査のみでは、政策を受けた人や政策を実施した人の主観的な部分によって評価が分かれることもあり、客観的に政策の効果を評価することが難しい面もあります。

次に、データを用いて政策の効果を実証的に評価する方法があります。まず、「市町村合併を実施した団体は歳出が減るのではないか」という仮説を立てます。そして、その仮説が正しいかどうか実際のデータを使って実証研究をするという方法です。本章の例では、合併団体と未合併団体間で、公共サービスの提供にかかる歳出を比較するということが考えられます。

図９－１は、市町村合併がスタートした1998年度から2010年度までの市町村の公共サービスにかかる歳出額の平均値を示しています。この図表は、単純に、1999年度に合併をして新しく誕生した団体における歳出額の平均値と1999年度の未合併団体の歳出額の平均値、2000年度までに合併をして新しく誕生した団体における歳出額の平均値と2000年度の未合併団体の歳出額の平均値というように各年度計算したものです。未合併団体の歳出額の平均値は、1998年度の152億円から2010年度には225億円となだらかに増

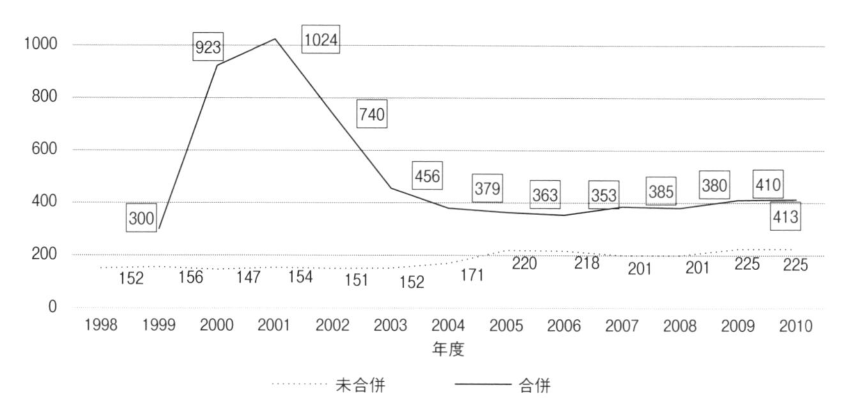

図９−１　合併団体と未合併団体の平均歳出額の推移（単位：億円）
出所：各年度『市町村別決算状況調』より筆者作成。

加しています。これに対して、合併団体の歳出額の平均値は、2000 年度から 2001 年度にかけて急激に増加しています。主に多くの市町村が合併を実施した 2004 年度から 2006 年度にかけて合併団体における歳出額の平均値は減少していますが、未合併団体と比較すると歳出額は高いままです。

以上の結果より、市町村合併による歳出削減効果は、あまり大きなものではなかったと結論づけてよいのでしょうか。

3　反実仮想を考えるとは

皆さんは、図９−１を見てどのような感想を持ちましたか。じつは、政策評価手法として、図９−１の方法は、あまりうまい方法ではありません。

第１に、市町村合併を選択した団体は、未合併を選択した団体と比較してまったく異なる特徴を持つ団体の可能性があるからです。そもそも、合併団体は、人口が少なく財政状況が苦しい団体が合併を選択していることが考えられます。このような団体は、借金返済費などが多く、合併前から歳出額が高い傾向にあるかもしれません。それとは反対に、未合併団体は、もともと人口が多く財政状況に比較的余裕があるため、合併を選択しなかったことが考えられます。このように政策評価の対象となる団体が、政策を選択することによって生まれる特徴の偏りの問題をセレクション・バイアス（選択の偏り）と呼びます。図９−１で示された合併団体と未合併団体の歳出額の差は、もともと歳出額に大きな差が存在しているグループ同士を比較している可能性があるため、あまりうまい評価方法とは言えないというわけです。近年、市町村合併の研究において、合併団体と未合併団体の間にセレクション・バイアスの可能性があることは多くの実証研究で示されています。

セレクション・バイアスを取り除く方法として、次のような方法が考えられます。例えば、人口規模、財政状況や産業構造などが、ほとんど似ている団体が存在しているとします。それらの団体をクジ引きなどでランダムにふりわけ、政策を実施する団体と実施しない団体とで歳出面を比較することで政策効果を評価するという方法です。この方法は、ほとんど似ている団体にもかかわらず、その政策を実施したかどうかという１点のみが異なった結果、両者の間で歳出面に違いがあるかを比較して評価します。このような方法は、ランダム化比較実験と呼ばれる方法ですが、市町村合併に関しては、ランダム化比較実験の考え方は適用できません。なぜならば、市町村合併はすでに観察された事実であり、政策を実施するかどうかをランダムにふりわけて実験した結果、得られた事実でないことは明らかです。

次に、同じ団体に対して政策を実施する事前と事後を比較することで政策の効果を検証する方法があります。ただし、残念ながら、市町村合併に関して、同じ団体を対象として合併する前と合併した後で財政データを比較することは現実にはできません。合併を選択した団体は、合併後は新団体として存在することになり、旧団体は現実には存在しなくなるからです。また、未合併団体についても同じような問題が発生します。合併をしない選択をした団体は、もし合併していたならば、どのように歳出面が変化したかを事前と事後で評価することはできません。

図９−２の上段を見てください。例えば、合併団体のデータを例として挙げます。Ａ市とＢ町が合併をして翌年から新Ａ市が誕生したとしましょう。データ上、Ａ市には継続して合併後のデータが記録されますが、Ｂ町は存在しないためＢ町に関するすべてのデータは存在しません。次に、未合併団

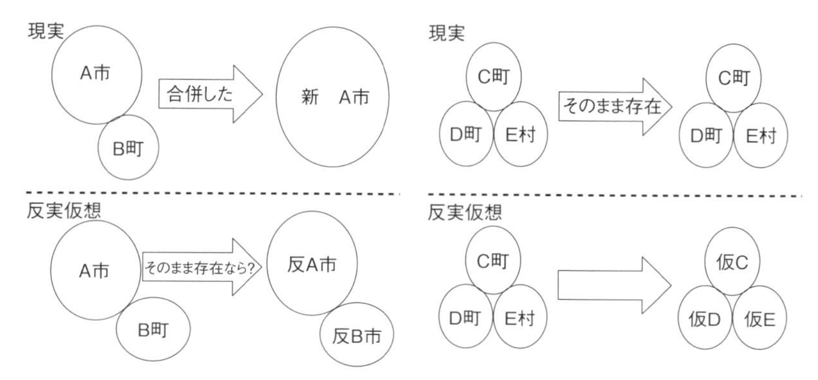

図9－2　市町村合併における現実と反実仮想のイメージ

出所：筆者作成。

体のデータの例を挙げます。C町、D町とE村は、合併を選択せずに未合併団体として存続することを選択したとしましょう。すると、これらの団体がかりに合併を選択していたならば、どのように歳出面が変化したかということについても合併団体のケースと同様に、データが存在しないため事前と事後で政策を評価することはできません。

それでは、多くの研究者は、このような困難に直面したとき、どのように政策評価を行うのでしょうか。近年、財政学のみならず経済学、医療や教育学など多くの分野で政策効果の評価研究が蓄積されています。本章では、このような問題に対処する方法として、疑似実験評価手法と呼ばれる方法を紹介したいと思います。

図9－2の下段を見てください。市町村合併によって生じるデータの問題は、「合併団体の現実の歳出額のデータ」と「もし合併を選択しなかったならば、存在したであろう歳出額のデータ」という反事実を比較することができないという点でした。この問題の解決方法として、それならば、「もし合併団体が、合併を選択しなかったならば、その団体の歳出額はどうなっていただろうか」という反実仮想を構築し、データの不足を補おうという考え方があります。

図9－2で説明すると、「反実仮想として、A市とB町が仮に存続してい

た場合のA市とB町の仮想値を計算」します。その仮想値と新A市の現実の歳出額を比較することで市町村合併による歳出面での効果を評価しようというアイデアです。言い換えれば、この方法は、合併を実施した場合の現実の歳出額と、合併を実施せずに各団体が単独で財政運営した場合の仮想値の比率を計算するということです。詳細な計算方法の説明は省略しますが、仮想値を算出する際、A市と人口規模、財政状況や産業構造などが極めて似ている団体の歳出額のデータを用いて平均値を求める作業をしています。この仮想値を合併しなかったA市という反実仮想のデータとして用いることになります。その他の団体についても同様です。

また、比較対象として、未合併団体に関する仮想値と現実の歳出額の比率も合併団体と同じように計算しています。もちろん、C町、D町、E村は未合併団体のため、(当たり前ですが) 現実の歳出額のデータは存在しています。未合併団体の比率の変化は、全国的に発生した時間を通じた変化を示しているため、合併団体の比率と比較するための基準として大切になるからです。合併団体の比率の変化は、全国的に発生した時間を通じた変化と合併による変化の両方を示したものになります。よって、両者の比較は、純粋に市町村合併による歳出額の差と捉えることができるようになるわけです。

図9－3は、合併団体における現実の歳出額と仮想値の比率をグラフにしたものです。2000年代前半の合併団体は、想定よりも歳出が多いことがわかります。その後、多くの団体が合併を実施した2006年度以降、平均的に合併団体の歳出が未合併団体の歳出よりも減少していることが明らかになりました。すなわち、市町村合併政策は、図9－1の結果とは異なり、歳出削減効果があったと結論づけることができます。この結果は、「もし合併を選択しなかったならば」という反実仮想を構築することで、同一の団体が合併を実施した場合と実施しなかった場合を比較して得られたものです。ただし、この評価手法は、どれだけ適切な仮想値を当てはめることができるかという点が大切になります。

この政策評価の方法は、疑似実験評価手法の1つで合成コントロールと呼ばれている方法です。名前だけ聞くと、難しい印象を受けるかもしれません。

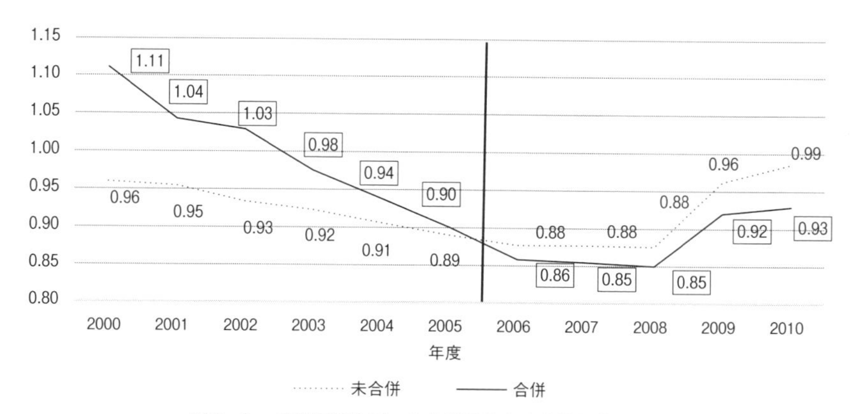

図９－３　反実仮想を用いた合併団体と未合併団体の比較

出所：広田啓朗、湯之上英雄「平成の大合併と歳出削減」『地域学研究』43巻３号、2013年、325–340頁より筆者作成。

この方法以外にも、いくつか市町村合併政策を評価する方法があります。評価方法の選択については、分析テーマと使用するデータに合わせてじっくりと考える必要があるので注意してください。

しかし、本章で学ぶべきことは、このような複雑な計算をどのようにやるのかという点ではありません。政策を評価するうえで大切なことは、図９－２で示したように、どうすれば政策の効果を適切に評価できる状態になるのかを考えることです。

このような例を考えてみてください。本書をここまで読んでくれた皆さんの学習効果を適切に評価するにはどのような方法が考えられるでしょうか。より正確に学習効果を測る方法は、次のようなものが考えられます。まず、本書を読み始める前のまったく同じあなたを２人用意してください。そして、あなたは本書を読み始めて、もう１人のあなたは本書を読みません。最後に、本書を読んだあなたと、本書を読まなかったもう１人のあなたの差を見つけることができれば、それが本書による学習効果となります。２人のあなたの違いは、本書を読んだか読まなかったかという１点のみだからこそ学習効果を評価できるというわけです。

しかし、現実には、もう１人のまったく同じあなたを連れてくることは無理ですよね。このような場合、本章で学んだように、どうすれば学習効果を評価できるような反実仮想を設定できるか考えることは、政策評価における1つの視点を与えてくれます。

4　今後に向けて

もし、政府の財政が破綻してしまうとどうなってしまうのでしょうか。極端な例を挙げると、私たちが納めた税金によって運営されている公立学校や公立病院が閉鎖されてしまうことや、通学・通勤に使っているバスや電車などの公共交通が廃線になることも考えられます。すなわち、私たちの生活に欠かすことのできない公共サービスの提供がストップしてしまいます。このような状況になると、問題は、日々の生活の利便性が失われるだけではありません。地域の住民は、充実した公共サービスを求めて他地域に移住することも考えられ、将来的には、地域の存続にも影響を与える可能性があります。

また、高齢化が進む日本では、医療や介護といった社会保障に関する歳出が増大していくことが予想されています。もし、財政が破綻してしまうと、高齢者にとって必要な医療や介護サービスを受けることができなくなってしまう恐れがあります。このような状況で、必要な公共サービスの水準を確保しようとなると、現在働いている人たちの財政的な負担を重たくすることになるかもしれません。

さらに、財政破綻の問題は、私たち現役世代のみの問題ではない可能性があります。これから生まれてくる子供や孫といった将来世代が、借金返済のために従来の公共サービスを受けられないだけでなく、現役世代が残した借金を返済するための増税という形で負担が増える可能性も考えられます。

財政学を学ぶということは、政府のお金の出入りを把握するだけではなく、政府の経済活動が、誰にどのような影響を与えるのかということを考えるために大きな役割を果たします。財政学の研究において、政府の経済活動のあり方に対しては様々な考え方がありますが、一般的に考えて、政府の借金が少ないことを望む人のほうが多いのではないでしょうか。

特に、財政健全化を考える際、ある市町村の借金の額が減ったとか、財政赤字が改善されたという視点のみを考えていては気づけない問題が多く存在しています。今後、このように深刻な財政問題を解決するために、様々な政策が打ち出されていくでしょう。その際、「私の経験では、この政策は効果がありそうだ」とか「隣町が成功したから、うちの町もあの政策をやってみよう」といった主観に頼りきった政策評価では、判断を誤る可能性があります。どの政策は効果があって、どの政策はあまり効果がなかったかを科学的根拠に基づいた評価をしたうえで、財政問題の改善に取り組む必要があります。そうでなければ、せっかく多大な費用や労力をかけて実施した政策が、あまり効果がないものだったとしても、それに気づくことなく、財政赤字が拡大していく恐れもあります。最悪の場合、効果がない政策を何度も繰り返してしまうことも考えられます。

財政学に限らず、社会科学の多くの分野に共通することは、どのような原因でその結果が得られたのかという因果関係を明らかにするため、科学的根拠に基づいた政策評価が求められる点です。最終的に政策を実施するかどうかは政策決定者の判断によりますが、判断するための心強い材料を実証研究は提供してくれます。

【読書案内】

西村幸浩、宮崎智視『財政のエッセンス』有斐閣ストゥディア、2015 年。

財政学を学ぶ初学者のために、やさしい表現で幅広いトピックを扱っています。財政の理論・制度・現実をバランスよく解説した教科書です。日本の財政問題や税制・社会保障改革の必要性を理解することができます。

寺井公子、肥前洋一『私たちと公共経済』有斐閣ストゥディア、2015 年。

財政学と公共経済学はとても近い学問領域にあります。厳密に区別されているわけではありませんが、日本の公共経済学の教科書は、経済理論の解説に重点を置いたものが多いようです。この本では、ミクロ経済学の基礎的な説明をはじめ、政治過程や公共政策にまつわるトピックスを扱っている点が特徴です。

中井英雄、齊藤愼、堀場勇夫、戸谷裕之『新しい地方財政論』有斐閣アルマ、2010年。

日本の財政問題を考えるうえで、国と地方における政府間財政関係を学ぶことは大変重要です。この本では、伝統的な地方財政論と対比する形で、新しい地方財政論を丁寧に解説しています。この本では、制度・自治体経営・理論・地方財政システム・国際比較がバランスよく学べます。大学生のみならず行政職員や地方公務員の方にもおすすめの１冊です。

第10章　なぜ、配当を払う企業と払わない企業があるのか？

——会計学とコーポレート・ファイナンスの視点から「良い企業」について考える

青木康晴

1　株主とは、配当とは何か

本章では、会計学やコーポレート・ファイナンス（企業財務）の視点から、「良い企業」とは何かについて考えていきます。読者の皆さんにとって、「良い企業」とはどんな企業でしょうか。例えば将来、企業に就職するとしたら、どんな企業で働きたいかを考えてみてください。給料をたくさんもらえる企業がいい、という人もいるでしょう。倒産せずに働き続けることができる企業がいい、という意見もありそうです。あるいは、やりがいのある仕事ができる企業や、活気のある企業こそ「良い企業」、と思う人も多いでしょう。

では、少し視点を変えて、株式投資を始めるとしたらどうでしょうか。皆さんのなかには、将来、株で儲けたいと思っている人がいるかもしれません。株の正式名称は「株式」で、株式会社という形態の企業が、商売に必要な資金を調達するために発行する証券（法律上の権利）を意味します。そして、株式を保有する人のことを株主と言います。株主は、あとで詳しく説明する配当を受け取る権利や、株主総会への出席などを通じて企業経営に参与する権利を持っています。

株主になって儲ける方法は、大きく分けて２つあります。１つは、値上がり益です。例えば、先月に１万円で買った株式が、現在は１万5000円で取引されているとしましょう。この株式を売却すれば、差額の5000円が値上がり益となります。したがって、これから価格（株式の価格を「株価」と言います）が上がりそうな株を早めに買っておき、実際にその通りになれば、儲けることができます。

もう1つの儲ける方法は、配当です。配当とは、企業が稼いだ利益のなかから株主に配分されるお金のことです。株主は、保有している株式の数に応じて配当金を受け取ることができます。したがって、きちんと利益を稼ぎ、配当を払ってくれる企業の株式をたくさん持っていれば、その分だけ儲けることができます。

では、配当をたくさん払う企業ほど、「良い企業」と言えるのでしょうか。じつは、必ずしもそうではないのです。その理由を考えるための準備として、利益と配当の関係について、もう少し詳しく説明しておきましょう。

先ほど、配当は企業が稼いだ利益のなかから支払われる、と言いました。では、そもそも利益とは何なのでしょうか。図10－1を見てください。これは、企業活動と利益の関係を大まかに示したものです。

皆さんのなかに、普段使っているボールペンやスマートフォンを、一から自分で作ったという人はいないはずです。ボールペンやスマートフォンに限らず、着ている洋服、家にあるテレビ、ランチに食べるサンドウィッチなど、私たちの身の回りにあるものの多くは、企業によって提供されています。こうした企業のアウトプット（生産物）に対して、私たち顧客が支払う金額を

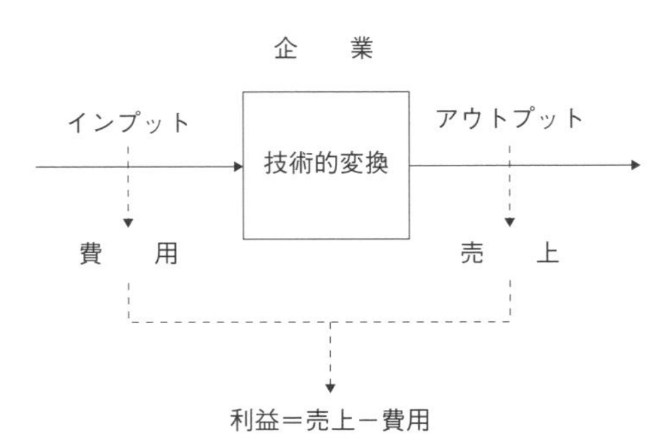

図10－1　会計利益のイメージ

出所：伊丹敬之、青木康晴『現場が動き出す会計』日本経済新聞出版社、2016年、42頁。

「売上」と言います。

企業が提供する製品やサービスのほとんどは、自然界にもともと存在するものではなく、企業が様々な工夫を凝らして生み出したものです。図 10－1 では、こうした工夫を「技術的変換」と呼んでいます。企業は、技術的変換を行うために、社員を雇ったり、工場を建てたり、材料を仕入れたりします。こうしたインプット（投入物）の対価として企業が支払った金額、例えば社員の給料や工場の建設コスト、材料の仕入代金などを、まとめて「費用」と言います。

そして、売上と費用の差額として計算されるのが、利益です。投入されたインプットの価値（費用）よりも生み出されたアウトプットの価値（売上）が大きければ大きいほど、企業は多くの利益を稼ぐことができます。つまり利益とは、企業がどれだけうまく技術的変換を行ったか、その成果の尺度なのです。

ではなぜ、利益のなかから株主に配当が支払われるのでしょうか。技術的変換を行うためには、たくさんのお金が必要です。企業の経営者がよほどの金持ちであればそのお金をすべて自分で出せるかもしれませんが、多くの場合そうはいきません。そこで、株式会社という形態をとって株式を発行し、それを不特定多数の人々（株主）に買ってもらうことで、必要な資金を集めるのです。

株主は、株式の購入という行動を通じて企業に資金を提供し、その見返りとして、企業が稼いだ利益のなかから配当を受け取ります。これを企業の立場から言い換えると、配当とは、お金を出してくれた株主に対するお礼ということになります。

2　日本企業はどれくらい配当を払っているか

では、企業が稼いだ利益のうち、どれくらいが配当として株主に支払われるのでしょうか。それを測るための指標が、以下に示した配当性向です。

$$配当性向（\%）=\frac{配　当}{利　益}$$

配当性向の分母は、その企業が1年間に稼いだ利益です。じつは利益にもいくつか種類があるのですが、配当性向を計算する際には、純利益と呼ばれる、法律上、株主への配当に回すことが認められている利益を用いることが多いです。

配当性向の分子は、株主に支払われる配当の合計金額です。例えば、ある年に100億円の利益を稼いだ企業が、そのうちの30億円を株主に配当するとしたら、配当性向は30％（＝30億円÷100億円）と計算されます。このように配当性向は、その年に稼いだ利益の何％を配当しているか、を意味する指標です。

読者の皆さんは、日本企業の配当性向はどれくらいだと思いますか。皆さんが名前を知っている企業の多くは、株式が証券取引所で取引されている、上場企業と呼ばれる企業です。上場企業は、幅広くたくさんの人たちから資金を調達することができ、社会的な影響力も大きいため、利益や配当に関する情報を「有価証券報告書」と呼ばれる文書にまとめ、定期的に開示することが法律で義務づけられています。有価証券報告書は誰でも入手できるので、実際の企業の配当性向を計算することは、そこまで難しいことではありません。

図10－2は、有価証券報告書のデータを集計した日経NEEDS-Financial QUESTというデータベースを使って日本の上場企業の配当性向を計算し、その分布を示したものです。分析期間は2010年から2014年までで、1年ごとに配当性向を計算した結果、全部で1万1940個のデータが集まりました。図10－2では、それらを配当性向0％から10％刻みのグループに分類し、各グループに含まれるデータ数を棒グラフで示しています。

ところで世の中には、売上よりも費用が大きくなってしまい、マイナスの利益を計上する企業も存在します。マイナスの利益のことを、損失と呼んだりします。過去に稼いだ利益が配当されずに残っていれば、その年は損失を

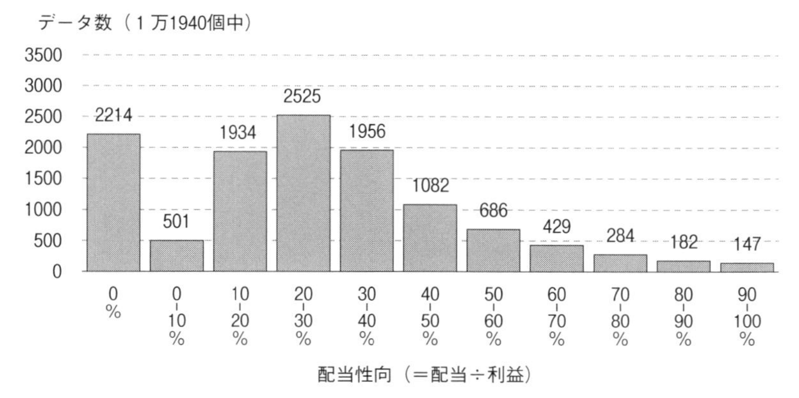

図10－2　配当性向の分布

出所：日経 NEEDS-Financial QUEST より作成。

出していても配当を払うことができます。しかし、そうした企業の（損失を出した年の）配当性向はマイナスになってしまうので、本章の分析からは除外しています。

また、配当性向が100％を上回る企業、すなわち1年間に稼いだ利益よりもたくさんの配当を払っている企業も、本章の分析からは除外しています。これは単に、図10－2を簡潔に表示するためです。ただし、除外するからといって、その企業がおかしいとか、重要ではないということでは決してありません。損失を出していても配当を払う企業や、配当性向が100％を上回る企業とは、一体どんな企業なのでしょうか。調べてみる価値は十分にあります。

図10－2に話を戻しましょう。配当性向の分布を見て、皆さんはどんなところが気になりますか。おそらく多くの人が注目するのは、次の2点だと思います。

1つは、配当性向が0％、つまり配当を払わない企業がけっこう多いということです。前述のように、本章の分析は利益がプラスの企業のみを対象としています。1万1940個あるデータのうち2214個の配当性向がゼロということは、分析対象企業の19％が、利益が出ていても配当を払っていないということになります。

もう1つは、配当を払っている企業のなかでも、配当性向にはかなりの「ばらつき」があるということです。図10－2でデータが一番集中しているのは、配当性向が20～30％のグループです。しかし、それでも含まれるデータは2525個であり、全体の21％にすぎません。つまり、利益の半分以上を配当する企業も、ほんの一部しか配当しない企業も、たくさん存在するということです。

そもそも株主に配当を払うのか、払うとしたら利益のうちどれくらいを配当するのか、といった配当に関する基本方針を「配当政策」と言います。図10－2から明らかなように、企業の配当政策は決して一様ではありません。同じ100億円の利益を上げている企業なのに、A社は1円も配当を払わない、B社は利益の半分を配当する、C社は利益のすべてを配当する、といったことが現実に起きているのです。

利益を稼いでいるのに配当を払わない企業があるなんてとんでもない、と思った人がいるかもしれません。あるいは、なぜ企業によってこんなに配当性向が異なるのだろう、という疑問を抱いた人もいることでしょう。たしかに株主にとっては、利益をすべて配当してくれたほうが一見すると良さそうです。しかし、現実にはそうなっていません。なぜでしょうか。次節で詳しく考えていきましょう。

3　配当政策はどうやって決まるのか

企業がすべての利益を配当しないのは、経営者がいろいろなことを考慮して配当政策を決めるからです。配当政策に影響を与えると考えられる要因の例として、ここでは2つ挙げておきましょう。

1つは、利益を企業の成長のために使ったほうが、株主が喜ぶ可能性があることです。配当は現金で払うため、配当するとその分だけ企業が使えるお金が減ってしまいます。そこであえて利益を配当せず、新しい商売や海外進出のために使うことで、将来の利益や配当を増やせるかもしれません。したがって、成長機会が豊富にある企業ほど、あまり配当を払わないと予想されます。

もう１つは、利益を配当してしまうと、借金を返せなくなり、倒産する恐れがあることです。多くの企業は、商売に必要なお金の一部を銀行から借りることで賄っています。株主から調達したお金は返済する必要がありませんが（株主は値上がり益と配当を期待して株式を買うのが一般的だからです）、銀行からの借金は利子をつけて返済しなくてはいけません。前述のように配当を払うと企業のお金が減ってしまうため、借金をたくさん抱えている企業ほど、あまり配当を払わないと予想されます。

以上から、配当は多ければ多いほどいいかというと、必ずしもそうではないことがわかります。株主にとっては、利益を配当するよりも企業の成長のために使ってもらったほうが、長い目で見れば望ましいかもしれません。また、企業にお金を貸している銀行は、株主にお金が流出してしまう配当の支払いをできるだけ控えて欲しいと思っている可能性もあります。

さらに、社員にとっても、配当をたくさん払う企業が「良い企業」とは限りません。配当をたくさん払うためには、その分だけ利益が必要になります。もしかすると経営者は、社員の給料を不当に減らしたり、少ない社員にたくさんの仕事を押しつけたりすることで、利益を大きくしようとするかもしれません。読者の皆さんの多くは、株主に配当を払うために社員を犠牲にするような企業で働きたいとは思わないでしょう。

このように、そもそも配当を払うべきか、払うとしたら配当性向はどのくらいの水準が望ましいのか、というのは企業によっても異なるでしょうし、簡単には答えが出ない問題です。そのため、コーポレート・ファイナンスと呼ばれる学問分野では、配当政策に関する様々な研究が実施されています。その代表的な手法は、先ほどのように「○○な企業ほど、あまり配当を払わない」という予想をし（この作業を「仮説を立てる」と言います）、それが正しいかどうかを実際のデータを使って検証するというものです。こうした一連の探索行為を「実証研究」と呼んだりします。

仮説とは、結局のところ「おそらくこうだろう」という予想にすぎません。もちろん、仮説が論理的に納得のいくものであればそれだけで十分に価値がありますが、本当に予想が正しいのか知りたい、という人も多いでしょう。ここでは、前述の「成長機会が豊富にある企業ほど、あまり配当を払わない」「借金をたくさん抱えている企業ほど、あまり配当を払わない」という2つの仮説を検証してみることにします。

「成長機会が豊富にある企業ほど、あまり配当を払わない」という仮説を検証するためには、企業の成長機会の大きさを数値で表現しなくてはなりません。ここでは、以下に示したPBR（price-to-book ratio）と呼ばれる指標を使うことにします。やや専門的なので詳細は割愛しますが、PBRは「株主が企業に提供した資金の何倍の株価がついているか」を測る指標であり、このPBRが高い企業ほど、成長機会が豊富にある（正確には、投資家が利益成長を期待している）と考えられています。

$$\text{PBR（倍）} = \frac{\text{株式時価総額}}{\text{自己資本}}$$

同様に、「借金をたくさん抱えている企業ほど、あまり配当を払わない」という仮説を検証するためには、企業の借金依存度を数値で表現しなくてはなりません。ここでは、以下に示した有利子負債比率を使って、企業が借金を抱えている程度を測ることにします。

$$\text{有利子負債比率（\%）} = \frac{\text{有利子負債}}{\text{総資産}}$$

有利子負債比率の分母は、企業が保有している資産の合計金額です。分子は、銀行からの借金など、利子をつけて返済しなければならないお金の合計金額です（企業が負っている返済義務のことを、負債と言います）。つまり有利子負債比率とは、企業が持っている資産のうち何％が借金をして買ったものか、を意味する指標です。この比率が大きい企業ほど、借金依存度が高いと解釈することができます。

前節では、2010～14年における日本の上場企業の配当性向を計算しました。ここではさらに、PBRと有利子負債比率も計算します。つまり、ある年の1

表10−1　分析に使ったデータの一部

データ番号	年	企業名	配当性向	PBR	有利子負債比率
1	2014	A社	34%	1.96	22%
2	2013	A社	38%	1.87	28%
3	2012	A社	35%	1.21	34%
4	2011	A社	41%	1.03	28%
5	2010	A社	37%	1.39	30%
6	2014	B社	29%	1.52	13%
7	2013	B社	24%	1.41	11%
8	2012	B社	26%	1.16	12%
9	2011	B社	37%	1.00	12%
10	2010	B社	67%	1.08	13%
・	・	・	・	・	・
・	・	・	・	・	・
・	・	・	・	・	・

出所：日経NEEDS-Financial QUESTより作成。ただし、社名は伏せてある。

つの企業について、配当性向、PBR、有利子負債比率という3つの指標を用意するのです。具体的には、表10－1のようなデータをイメージしてください。

これらのデータをどのように使えば、2つの仮説を検証することができるでしょうか。実際の実証研究では統計的な手法が用いられることが多いのですが、それだと堅苦しい専門用語の説明ばかりになってしまうので、もっとシンプルな方法を採用したいと思います。

まず、「成長機会が豊富にある企業ほど、あまり配当を払わない」という仮説を検証するために、1万1940個あるデータを、PBRの大きさに基づいて5つのグループに分けます。具体的には、PBRが0.5倍以下（データ数1728個）、0.5～1.0倍（4905個）、1.0～1.5倍（2508個）、1.5～2.0倍（1085個）、2.0倍より大きい（1714個）とします。

つづいて、上記のグループごとに配当性向の平均値を計算します。PBRが0.5倍以下のグループであれば、グループに含まれるデータの配当性向を合計し、データ数（1728個）で割ったものが平均値となります。こうした計算をすべてのグループについて行い、その結果を示したものが図10－3です。

図10－3を見ると、配当性向が30%と最も高いのは、PBRが0.5～1.0倍

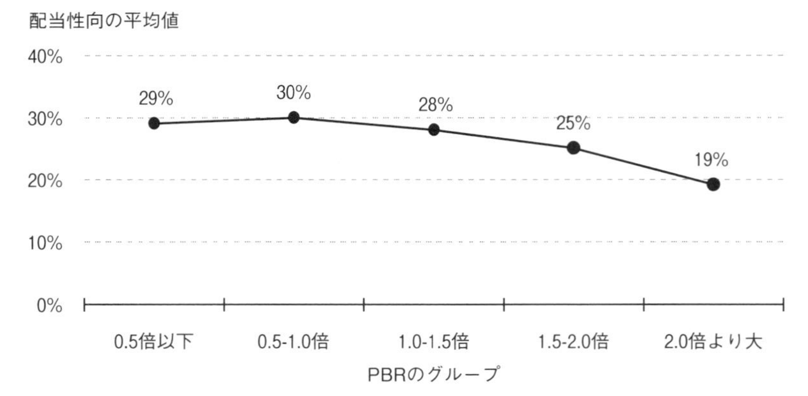

図10－3　PBR と配当性向の関係

出所：日経 NEEDS-Financial QUEST より作成。

のグループであることがわかります。そして、PBR が高まるにつれて、28%、25%、19%というように、配当性向は低下していきます。つまり、PBR が高い企業ほど、配当に対して消極的になる傾向があるということです。

もちろん、PBR が 0.5 倍以下のグループの配当性向が 29%とそこまで高くはないため、仮説と完全に一致する結果が得られたわけではありません。しかし、図 10－3 を見る限り、「成長機会が豊富にある企業ほど、あまり配当を払わない」という仮説は、おおむね正しいと言えるでしょう。

同様の分析を、有利子負債比率についても実施します。まず、1 万 1940 個あるデータを、有利子負債比率の大きさに基づいて、有利子負債比率が 0 %（データ数 953 個）、0～20 %（5890 個）、20～40 %（3216 個）、40～60 %（1454 個）、60%より大きい（427 個）という 5 つのグループに分けます。そして、グループごとに配当性向の平均値を計算した結果が、図 10－4 に示されています。

図 10－4 を見ると、「借金をたくさん抱えている企業ほど、あまり配当を払わない」という仮説は、現実におおむね当てはまると言えそうです。有利子負債比率が 0%のグループと 0～20%のグループでは配当性向の平均値が 30%を超えていますが、有利子負債比率が高まるにつれて、25%、19%、16%と低下していくからです。借金依存度は、先ほど分析した成長機会と並

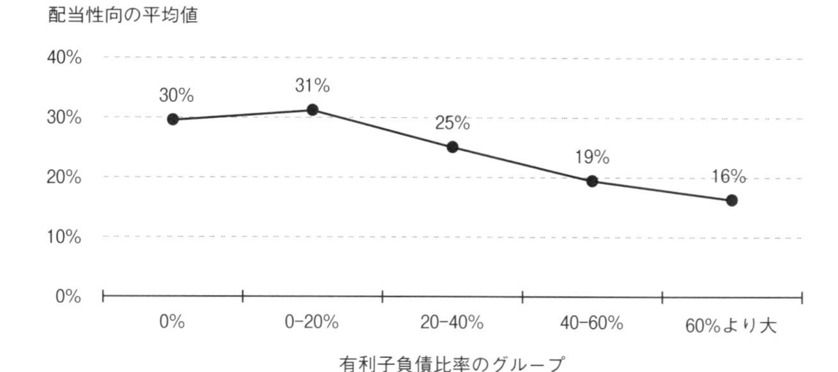

図10-4　有利子負債比率と配当性向の関係
出所：日経 NEEDS-Financial QUEST より作成。

んで、企業の配当政策に影響を与える重要な要因であることがわかります。

以上のような実証研究は世界中で実施されており、配当政策に影響を与える様々な要因が明らかになっています。しかし、配当政策をはじめとする株主への利益配分についてはいまだに論争が絶えず、コーポレート・ファイナンスにおける未解決問題の１つとされています（リチャード・ブリーリー、スチュワート・マイヤーズ、フランクリン・アレン『コーポレート・ファイナンス（第８版）』藤井眞理子・国枝繁樹（監訳）日経 BP 社、2007 年）。きっと今後も、配当政策の実証研究は続けられていくことでしょう。

4　実証研究は面白い！

企業活動は理路整然と、淡々と行われると思っている人が多いかもしれませんが、決してそんなことはありません。企業が人間の集まりである以上、必ずしも合理的とは思えないことがたくさん起こります。また、何が望ましい行動なのか、誰にとって望ましい行動なのか、簡単には決められない場合もあります。だから、「良い企業」といっても、本当に「良い」かどうかは評価する人の立場によって異なります。

本章では、そうした行動の１つの例として、配当政策を取り上げました。

配当は、多ければ多いほどよい、という単純なものではありません。いろいろな要因を考慮して、最終的には経営者という人間が決めるものです。そのため、本章で取り上げた要因以外にも、「人間くさい」要素が配当政策に影響を及ぼします。

例えば経営者は、「いったん配当を増やすとなかなか減らせない（減らすと株価が下がる）から、利益が増えても配当は変えないようにしよう」といった保守的な行動をとるかもしれません。あるいは、口うるさい株主がいる企業であれば、「株主に叱られたり、最悪の場合クビになったりするのは嫌だから、できるだけたくさん配当しよう」と考える経営者もいることでしょう。

こうした経営者の心の動きをあれこれ想像（妄想、という表現のほうが適切かもしれません）し、それが本当に正しいかを確かめるプロセスは、とても知的好奇心をくすぐります。「現実に起きていることを説明するための仮説を立て、データを使って検証する」という実証研究の面白さを、皆さんにもぜひ味わってもらいたいと思います。

では、それが何の役に立つのでしょうか。本章の内容で言えば、配当に詳しくなることで、株で儲けられるかもしれません。あるいは将来、会社を作りたいと思っている人にとっても、稼いだ利益をどれだけ株主に配分するべきか、というのは重要な関心事でしょう。

しかし、もっと大切なことは、何かを学び、探求するという経験が、新しいアイデアを提示したり、直面した問題の解決策を探ったりする際に、きっと役に立つだろうということです。なぜかと言うと、本章ではできるだけシンプルに説明したつもりですが、実際に研究をやろうとすると、決して一筋縄ではいかないからです。

そもそも、「なぜだろう」と思えるような不思議な現象を見つけてこなくてはいけません。次に、なぜそうなっているのか、あれこれ原因を考えて仮説を立てなくてはいけません。そして、仮説を検証するために、いろいろなデータを集めてこなくてはいけません。最後に、その仮説が正しいということを、他人が納得するような方法でうまく伝えなくてはいけません。

こうしたステップの１つ１つが、試行錯誤の繰り返しです。なぜこんなに研究が大変なのかというと、それは、答えが簡単にはわからない問題、答えが１つとは限らない問題が世の中に溢れているからです。そんな問題に取り組むのですから、大変なのは当然です。大変だけど、面白い。皆さんも、そんな経験をしてみたいと思いませんか。

【読書案内】

伊丹敬之、青木康晴『現場が動き出す会計』日本経済新聞出版社、2016 年。

第１節で述べたように、売上と費用の差額が利益です。このように書くと利益は簡単に計算できそうですが、現実には、売上や費用の金額を決めるのに何らかの前提や見積もりが必要な場合があります。上に挙げた本は、企業で働いている人のために書かれた会計学の入門書ですが、利益計算の難しさや、企業にとって会計がいかに大切かを理解するのに役立つでしょう。

砂川伸幸『コーポレート・ファイナンス入門』日経文庫、2004 年。

第２節で述べたように、配当に関する基本方針を「配当政策」と言います。こうした配当政策に加えて、企業活動に必要な資金をどこから集めるか、集めた資金を何に投資するか、といった企業を取り巻く資金の流れについて考える学問が、コーポレート・ファイナンスです。上に挙げた本は、この分野の入門書としては最適でしょう。

藤沢武夫『経営に終わりはない』文春文庫、1998 年。

ウォルター・アイザックソン『スティーブ・ジョブズ』井口耕二訳、講談社、2012 年。

ブラッド・ストーン『ジェフ・ベゾス　果てなき野望』井口耕二訳、日経 BP 社、2014 年。

会計学もコーポレート・ファイナンスも、「企業ありき」の学問です。では、企業は具体的にどんな活動を行っているのでしょうか。それを詳しく知るためには、企業のリーダーである経営者について書かれた本を読むのがよいでしょう。上に挙げた３冊がオススメです。

第11章　パクリ天国に異変？
——知的財産権から見る中国

兪　敏浩

1　隣の国はパクリ天国

本章では法学における知的財産権という学問領域から「中国」という隣国について考えてみます。中国と聞けば、皆さんには何が最初に思い浮びますか？　2015年、筆者は複数の担当科目の受講生約500人に対してアンケート調査を実施しました。中国のイメージについての設問におよそ2割の受講生がパクリ・ニセモノ問題を自由記述に回答し、「人口が多い」や「環境汚染（PM2.5含む）」に次いで3番目に多い結果となりました。この結果について当初やや意外に感じましたが、中国におけるパクリやニセモノ関連の情報が日本国内のメディアやネット上で大きく取り上げられていることを考えれば、すぐ納得することができました。

皆さんは中国の遊園地でドラえもんやハローキティなどのキャラクターが許可なしに使用されているニュースを聞いたことがありますか？　また、2010年の上海万博のテーマソングがシンガーソングライター岡本真夜さんの「そのままの君でいて」をなんの遠慮会釈もなくほぼそのままパクったことや、中国国営テレビ放送局の年越し番組（NHK紅白歌合戦番組に相当するが歌のみならずコントや漫才、舞踏なども含む）でお笑い芸人アンジャッシュのコントネタのパクリが堂々と演じられたことがネット上で暴露され、ひんしゅくを買ったことなども聞いたことがありますか？　初めて知ったという人も、これらのほんの一部の事例を聞くだけで、中国は一企業から国家レベルのイベントまでにパクリが横行する国という負のイメージが頭のなかですぐにできあがるのではないでしょうか？

中国のパクリ商品は中国国内市場にとどまらず、世界各国へと輸出されているため、パクられる側に甚大な経済的損失をもたらします。正確な被害規模は算出不可能ですが、これまで様々な推計がされてきました。特許庁によると、2013年には日本企業の22％が模倣被害を受け、そのうち約7割が中国からの被害ということです。アメリカの場合、2009年中国製のニセモノによる被害額が482億ドルに達したと報告されています。ニセモノによる世界的な被害規模については年間6500億ドルという天文学的な試算値がありますが、その5割から8割が中国製のニセモノによるとの見方もあります（*The IP Commission Report*, The National Bureau of Asian Research, 2013）。

こうした中国国内におけるパクリ・ニセモノの氾濫、パクリ商品の流通範囲の拡大による被害の拡大、それに対する日本国内の関心の高まり、メディアによる報道の増加などが相まって「隣の国はパクリ天国」というイメージが形成され、冒頭で触れたアンケート調査の結果として表れたと考えます。

パクリは専門用語として知的財産権侵害と言います。知的財産権には特許権、商標権、著作権が含まれますが、それぞれ一定期間法律によって権利保有者の独占的な使用が認められます。知的財産権がないがしろにされ、ニセモノが横行する状況はまさに「パクリ天国」と言え、そのような世界では技術の革新なんて期待することはできないはずです。というのも、新しい技術を開発してもすぐ盗まれるから利益につながらず、技術開発に投じた資金を回収することもできないからです。

ところで、中国はじつに不思議な国でもあります。「パクリ天国」と揶揄されているのに、他方では世界でもっとも性能がすぐれたスーパーコンピューター（天河2号）を持っており、日本も成し遂げていない有人宇宙飛行船を飛ばしたりしているからであります。

ここで少し発想を変えて「パクリ天国」というイメージを相対化してみましょう。もしかしたら自分はステレオタイプに陥っているのではないのかと。この発想の転換のため、次節では中国の知的財産権分野における成果を取り上げてみましょう。

2　台頭する知的財産権大国？

上述したように知的財産権には特許権、商標権、著作権が含まれますが、そのうち最も重要なのは特許権です。

特許権制度と言っても、じつは各国の制度はまちまちです。しかもそれぞれの国の特許の効力は国内に限っており外国には及ばないので（属地主義）、外国でも特許権を行使するためには外国で特許を申請しなければなりません。同じ特許申請を各国でいちいち行うわずらわしさを軽減するために、結ばれたのが特許協力条約（PCT）です。権利者が自国だけでなく外国でも権利を主張したい場合はPCTを通じて国際特許出願を行うのが一般的です。ただこの場合も最終的には各国の特許庁の審査を経てから権利が確定されます。

特許出願に対して審査した結果、新規性や進歩性が認められなければ特許権は認定されません。また出願者が様々な理由により出願を撤回することもありますので、実際の特許件数は出願件数より少なくなります。

一国の技術開発活動がどれほど盛んなのかを測るためによく用いられるデータは複数ありますが、特許出願件数と特許付与件数がその１つです。ここではまず中国企業による国内特許出願件数と特許付与件数について主要国のそれと比較しながら見てみましょう。

図11－1が示すように、近年中国では特許出願が極めて活発に行われており、量的にはダントツ世界一となっていることがわかります。さらに、実際の特許付与件数では中国はまだ日本の後塵を拝しているものの、世界２位であることが図11－2からわかります。

しかし、大量の特許出願がそのまま技術開発力の強弱を意味するわけではありません。周辺的な技術に対する特許が（質の低い特許とも言う）大半を占めればいくら申請件数と付与件数が多くても技術力は高く評価できないからであります。

企業は保護する価値のある技術については国際特許を申請するのが一般的であるために、中国企業による国際特許申請件数について見ることとしま

1,000,000
800,000
600,000
400,000
200,000
0
ヨーロッパ
日本
韓国
アメリカ
中国
2012年
2013年
2014

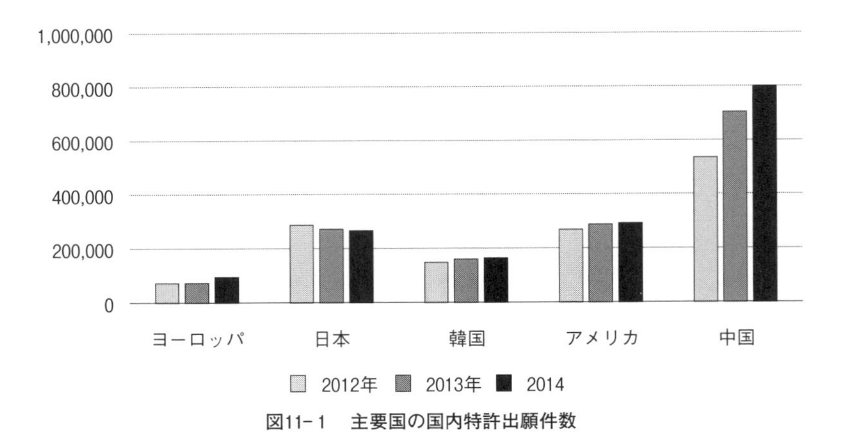

図11－1　主要国の国内特許出願件数

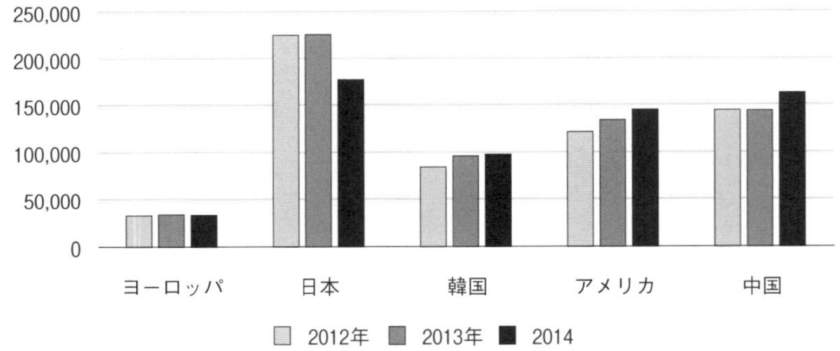

250,000
200,000
150,000
100,000
50,000
0
ヨーロッパ
日本
韓国
アメリカ
中国
2012年
2013年
2014

図11－2　主要国の国内特許付与件数

出所：図11－1、図11－2、図11－3は『五庁統計報告書（IP5 Statistics Report）』2013年版／2014年版中間報告書に基づき筆者作成。

しょう。図11－3と表11－1は特許協力条約（PCT）を通じた国際出願件数について国別と企業別に比較したものです。中国の場合、国際特許出願の7割以上がPCTを通じて行われます。

PCT国際特許出願件数で見ると、中国の実績はアメリカや日本に比べるとかなり見劣りがしますが、それでも世界3位に食い込んでいます。しかも近年主要国のなかで最も高い増加率を記録しており、近い将来日本を追い越すことさえありえます。企業別の国際特許出願件数ランキングを見ると、中国の実績はさらに注目に値します。なんと1位と3位に中国企業ファーウェ

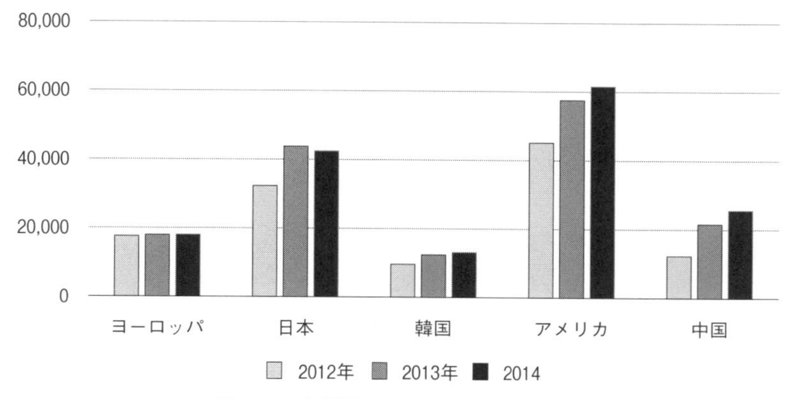

図11-3　主要国のPCT国際特許申請件数

表11-1　企業別PCT国際特許申請件数順位（2014年）

順位	企業名	国家	申請件数	前年比増減
1	Huawei Technologies co. Ltd.	中国	3442	1332
2	Qualcomm Incorporated	アメリカ	2409	351
3	ZTE Corporation	中国	2179	−130
4	Panasonic Corporation	日本	1682	−1157
5	Mitsubishi Electric Corporation	日本	1593	280
6	Intel Corporation	アメリカ	1539	−332
7	Telefonaaktiebolaget lm Ericsson（PUBL）	スウェーデン	1512	44
8	Microsoft Corporation	アメリカ	1460	652
9	Siemens Aktiengesellschaft	ドイツ	1399	51
10	Koninklijke Philips Electronics N. V	オランダ	1391	−32

出所：世界知的所有権機関（WIPO）のPatent Cooperation TeatyYearly Review2015に基づき筆者作成。

イとZTEがランクインしているのです。上位50以内にランクインした中国企業が2013年の2社から6社に増えました。

このような中国企業の特許出願ラッシュとも言える現象から、中国企業の間でも知的財産権を重視する傾向が強まっていることが読み取れます。もっとも中国政府の知的財産立国戦略も大きな要因ですが、その点については次節で説明することとします。ただ、すでに述べたように特許出願件数や特許件数だけでは技術開発力を適正に評価することはできません。なぜなら特許件数を増やすために、1つの発明を小刻みに出願することもできるからです。

一国の技術開発活動がどれほど盛んなのかを測るためによく用いられる指標には特許件数以外に研究開発費があります。ここで主要国との比較を意識しながら中国の研究開発費規模の推移を見ていきましょう。

図11－4は主要国の国内総生産（GDP）に占める研究開発費（R&D）の比率の推移を示したものです。今からおよそ20年前の1995年は、中国の値は0.5程度で低い水準にとどまっていましたが、その後急速に上昇し、ついに2013年にはEUを追い越したことがわかります。

ただ一方で、韓国や日本に比べたらまだまだ低い水準にとどまっていると思う読者がいるかもしれません。しかしこのデータはGDPに占めるR&Dの比率なので、分母であるGDPの規模が大きくなれば数値が低くなりやすいと言えます。実際、この20年間この5つの国と地域のなかでGDPがもっとも急速に拡大したのが中国です。

この数年間中国の研究開発費支出の伸びが著しいことは図11－5からわかります。図11－5が示すように、2007年を基準年にすると、6年後に当たる2013年にはおよそ2.5倍まで拡大しています。

一国の科学技術研究活動がどれほど盛んなのかを示す指標には他に科学論文発表数があります。表11－2は2000年代以降の主要国の科学論文発表数の伸び率を示すものですが、中国が群を抜いて高い伸び率を示していることがわかります。

いかがでしょうか？　パクリ天国の中国イメージがステレオタイプかもしれないと思うようになりましたか？　中国国内では現在特許出願ラッシュに代表される知的財産権ブームが形成されており、政府と企業による研究開発費支出も急増しています。質はともかく、量的には中国はすでに知的財産権大国と言えるかもしれません。

しかし、読者の皆さんは混乱するかもしれません。知的財産権大国なのにどうしてパクリが横行しているのだと。またニセモノがあふれているところでどうやってこれだけ特許出願が増えているのかと。

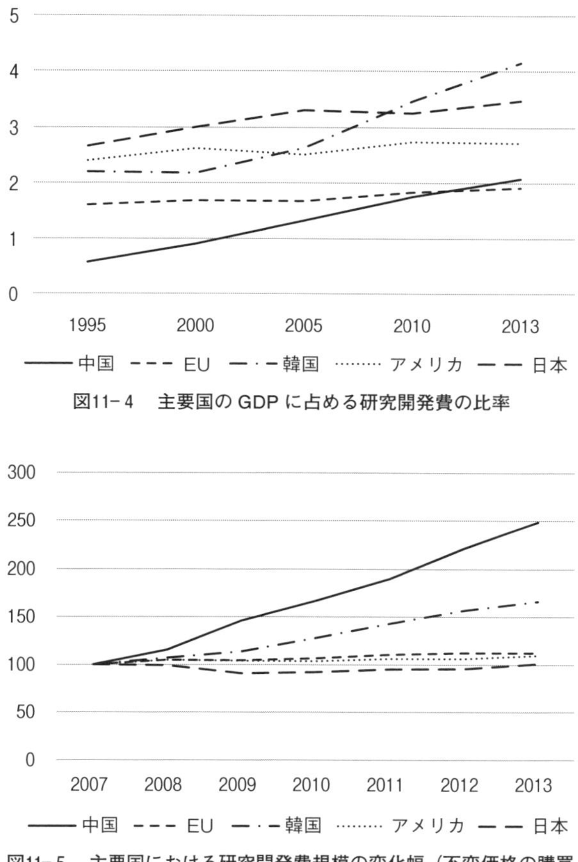

図11-4　主要国のGDPに占める研究開発費の比率

図11-5　主要国における研究開発費規模の変化幅（不変価格の購買力平価、基準年：2007）

出所：経済協力開発機構（OECD）Main Science and Technology Indicators.

じつは中国がこのように相矛盾する顔を同時に持っているのは、知的財産権の問題だけではないのです。冒頭で述べたアンケート調査で中国のイメージとして２番目に多かった環境問題も当てはまります。本章のテーマから外れるために詳しく述べる余裕はありませんが、中国が深刻なPM2.5に代表される環境問題を抱えていることは広く知られていますが、他方で環境分野においてかなり先進的な取り組みもなされているのです。例えばクリーンな

表11-2　Web of Science に収録された国別論文数

国名	1999～2001年平均値	2009～2011年平均値	伸び率
アメリカ	240, 912	308, 745	28%
中国	30, 125	138, 457	360%
ドイツ	67, 484	86, 321	28%
イギリス	70, 411	76, 149	21%
日本	49, 395	63, 160	3%
フランス	49, 395	63, 160	28%
韓国	13, 828	40, 436	192%

出所：文部科学省科学技術政策研究所『科学研究のベンチマーキング2012――論文分析でみる世界の研究活動の変化と日本の状況』、2013年。

再生エネルギーとして注目される風力発電分野と太陽光発電分野で中国は世界をリードしているのです。

さらに話を広げれば、こうした多様な顔を持つのは中国だけではないのです。日本を含めほとんどの国は多様な顔を持っており、視点を変えれば違う側面が見出せます。国際問題を考える際には、国際社会の多様性を肝に銘じ、自分がステレオタイプに陥っていないのかをつねに問い直すことが重要なのです。

さて、少し話はそれてしまいましたが、中国の知的財産権問題に戻ることとしましょう。これまでの話で中国は深刻な知的財産権侵害問題を抱えている一方で、知的財産大国に向けて目覚ましい躍進を遂げていることがわかりましたが、ここまでは基本的な事実確認にすぎません。次節では、中国が知的財産権大国なのにパクリが横行している理由、ニセモノがあふれているのに特許出願ラッシュが続いている背景について分析してみることにします。

3　中国知的財産問題のなぞを解く

特許、商標、著作権など知的財産は無形財産とも言います。人々が持っている家屋や土地など有形財産と違い物理的な形状を持たないからです。物理的な形がないために、守るべき財産とみなされるまでに時間がかかりました。

例えば、近代特許制度は1624年のイギリス専売条例の公布によって最初に誕生しました（そのルーツは中世のベニス共和国が1474年に公布した「発明者条例」だと言われています）。その後、アメリカでは1790年に特許法案が制定され、日本は1885年に最初の特許法案である「専売特許法」を公布しました。中国では、1898年に清王朝が「工芸振興奨励規定」を公布しましたが、同規定は公布2ヶ月後に廃止されました。日中戦争の最中である1944年には近代的な特許制度が公布されますが、当時の国民党政府と共産党勢力が内戦状態に陥ったため特許制度はほとんどまともに実施されることはないままでした。その後、共産党が内戦で勝利することで中華人民共和国という新しい国家が誕生しましたが、新たに誕生した共産党国家は私有財産を消滅させる方針だったため、私有財産として知的財産を保護することはありえませんでした。しかし、1980年代に入ってから中国は市場経済を段階的に導入し始め、その過程で私有財産も徐々に認めることになりました（ただ私有財産を認める法律が正式に公布されたのはなんと2007年）。こうした背景のなかで1982年に商標法、1985年に特許法、1990年に著作権法がそれぞれ公布されました。

知的財産は無形財産であるために、法律ができても一般の人々の意識に浸透するまでにはさらに時間がかかります。冷戦時代に共産圏に属していた国では共産主義教育が行われていたために、知的財産意識の浸透には時間がかかる可能性が高いと言えます。この点はアメリカ政府が2015年に作成した知的財産侵害指定国リスト（表11－3）に旧共産圏の国（下線で示す）が3割近く占めることからも裏づけられます。法律ができても知的財産侵害が止まらない根本的な理由がここにあります。それに加えて歴史的に見ると、一定の工業製造能力を持ちながら先進国から技術を学ぶ立場にある新興国は知的財産権の侵害に対する取り締まりに積極的ではないことがよくあります。不条理と感じるかもしれませんが、この点についてはアメリカ、日本も例外ではありませんでした。アメリカ政府の作成した知的財産侵害指定国リストに載っている国の多くがいわゆる新興国なのもそのためでしょう。

中国では知的財産権に関する法律が始まって30年ぐらいしか経っておら

表11－3　アメリカ政府2015年版スペシャル301条報告書の知的財産侵害指定国リスト

カテゴリー	国名
優先監視国（13）	アルジェリア、アルゼンチン、チリ、中国、エクアドル、インド、インドネシア、クウェート、パキスタン、ロシア、タイ、ウクライナ、ベネズエラ
監視国（24）	バルバドス、ベラルーシ、ボリビア、ブラジル、ブルガリア、カナダ、コロンビア、コスタリカ、ドミニカ共和国、エジプト、ギリシャ、グアテマラ、ジャマイカ、レバノン、メキシコ、パラグアイ、ペール、ルーマニア、タジキスタン、トリニダードトバゴ、トルコ、トルクメニスタン、ウズベキスタン、ベトナム

出所：USTR 2015 Special 301 Report.

ず、長い間共産主義教育を受けてきたことから知的財産に対する意識が一般の人々に浸透するまでには長い時間がかかりそうです。また中国は技術を先進国から学ぶ貧しい途上国であったために、中国政府が国内における知的財産侵害を厳しく取り締まることは意思、能力、コストの面からも期待しにくい状況だったのです。中国がパクリ天国と化したのにはこのような理由があると思われます。

ところで、知的財産に対する意識が薄弱な中国で、近年なぜ特許出願ブームが起こっているのでしょうか？　様々な理由が考えられますが、私は近年中国政府が知的財産をより重視するようになったことが大きいと思います。

中国では共産党政府がとても大きな力を持っており、国の方針を決定、実施します。しかし政府が取り組まなければならない課題は数多いために、たくさんの課題に対して均等に力を入れることはできません。おおよそ明示的もしくは暗黙に優先順位をつけ、優先順位が高い課題であるほど政府の本気度も高いのです。中国政府は公式には知的財産権問題を重要視すると表明してきましたが、最近までこの問題の優先順位は比較的に低かったのです。なぜなら中国では長い間経済発展、所得向上、失業対策のほうがずっと優先順位が高く、知的財産を侵害する企業に対してあまりに厳しく取り締まると、優先順位の高い問題の解決に支障をきたす恐れがあったからです。

しかし、北京オリンピック開催年である2008年頃から知的財産保護の優先度が顕著に高まり始めました。この年、中国政府は「国家知的財産権戦

表11-4　知的財産分野における中国政府の努力目標

指標（一部）	2013年の実績	2020年の努力目標
人口１万人当たり特許保有件数	4	14
PCT 国際特許出願件数	2.2万	7.5万
著作権登録件数	84.5万	100万
特許権のライセンス及び輸出額	13.6億ドル	80億ドル

出所：国務院「深入実施国家知識産権戦略行動計画（2014～2020）」（中国語）から抜粋。

略」を制定し、2020年までに知的財産権の創造、運用、保護、管理水準が比較的に高い国家を目指すと宣言しました。2014年には「国家知的財産権戦略行動計画（2014～2020）」を発表し、表11－4のような努力目標を明らかにしました。この計画では、ほかにも「国内外企業と個人の知的財産権を同一基準で保護すること」、「知的財産保護を学校教育カリキュラムに盛り込むこと」、「同行動計画の実施状況を地方役人の業績評価基準の一つとすること」など、注目すべき内容が盛り込まれています。

技術開発と特許出願を推進するために中国政府はハイテク企業には補助金の交付、税金優遇など様々な優遇策を与えています。このように、政府が努力目標を設定し、それに向けて国の資源を優先的につぎ込むやり方は昨今の先進国では効率が悪いと考えられ、あまり行わないのですが、中国では前述のように政府が大きな力を持って国の方針と資源配分を決める体制であるため、知的財産の保護も政府が本腰を入れることに期待するしかないのが現状です。実際、第２節でも見てきたように、政府が本腰を入れた結果、中国における研究開発費支出、特許出願件数ともに右肩上がりに増加しています。

ところで、どうして中国政府は2008年頃から知的財産権問題に本腰を入れるようになったのでしょうか？　それはここ2、30年にわたる高度経済成長を経て、中国が中進国入りを果たしたことと関係しています。中国経済はこれまで安い労働力を利用して輸出を増やし、成長を遂げてきたわけですが、近年では人件費の高騰に伴い安い労働力に依存する発展パターンを維持することが困難になっています。図11－6から中国の１人当たりのGDPは日本のそれに遠く及ばないものの、順調に伸び続けていることがわかります。こ

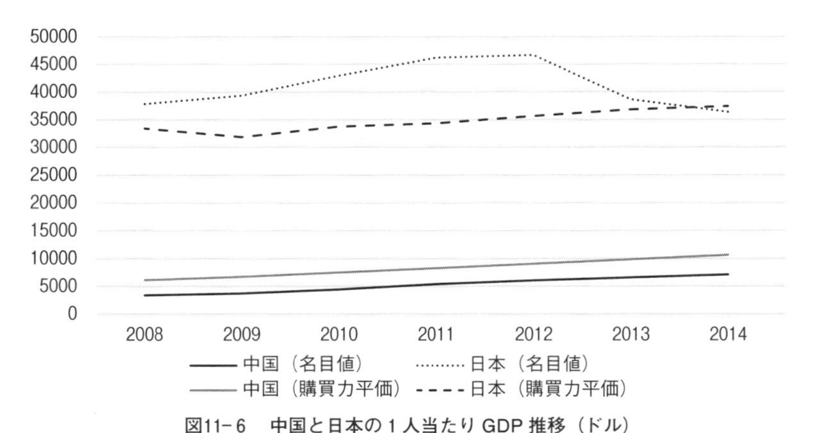

図11－6　中国と日本の１人当たり GDP 推移（ドル）
出所：IMF-World Economic Outlook Databases に基づき筆者作成。

れまで多くの発展途上国が安い労働力に頼り、ある程度成長を遂げましたが、人件費が高騰すると競争力を失って、その結果経済が停滞することを経験してきました。これを「中進国の罠」と言いますが、中国政府は中進国の罠に陥らず継続的に成長を遂げるためには産業の高度化を図るしかないと判断したわけです。産業の高度化を実現しようとすれば、企業の技術開発力の強化が不可欠です。また、企業が安心して技術開発に取り組むようにするためには、知的財産権の保護を強化することが求められます。こうして知的財産保護は中国政府が優先的に取り組むべき課題の１つとなったわけです。

4　中国とはどのような国なのか？

本章では知的財産権問題を手掛かりに中国はどのような国かについて論じてきました。第１節では中国における知的財産権侵害の深刻さについて、第２節では知的財産分野における近年の中国の躍進を紹介しました。第３節ではなぜ中国ではニセモノが横行しているのか、それなのになぜ中国は知的財産権大国の道を歩み続けられるのかの問いに対する回答を試みました。

読者の皆さんはこれまで中国に対してどのようなイメージを抱えていたでしょうか？　もしパクリ・ニセモノ天国のイメージを抱えていたとしたら、

本章を読み、イメージを修正する必要性を感じるようになったでしょうか？

外国に対するイメージは往々にしてステレオタイプに陥りやすいのです。なぜなら、私たちは限られた情報しか入手できず、それに基づいてイメージを形成するからです。本章では知的財産権分野における中国の躍進に焦点を当て、中国にはパクリ天国という一面と、台頭する知的財産権大国というもう１つの面があることを明らかにしました。このような対照的な側面が複数存在するのは知的財産分野だけではありません。第２節でも若干触れたように、中国は環境汚染大国というイメージが先行していますが、じつは先進的な一面も持ち合わせています。

ところで、中国の知的財産問題についてさらに細かく調べてみると、知的財産権大国という側面にもいろいろと複雑な事情があるのがわかります。例えば図11－4と図11－5で中国の研究開発費の急増を示しましたが、じつは中国に進出している外資系企業の研究開発投資が大きな比重を占めているのです。また、表11－1に示されるように、PCT国際特許出願を中国企業が件数でリードしていますが、世界でもっとも革新的な企業ランキング（トムソン・ロイター社が毎年発表）では中国企業の存在感がまったくと言っていいほどないのです。このようにどんどん掘り下げてみると次々と新しい側面が見えてきます。

物事の１つの側面にとらわれすぎず、複数の側面からアプローチすることを複眼的視点もしくは複眼的考察と言います。国際問題の学習においては複眼的視点がとりわけ重要です。というのも、私たちの観察対象はつねに変化しているため、単線的な物事の見方ではステレオタイプに陥りやすいからです。

複眼的視点から国際問題を観察することは大切ですが、それだけでは不十分です。観察対象の異なる、ときには矛盾する側面について調べたうえで、１歩進んで、「なぜそうなのか」という問題意識を持ち、それを解明する姿勢が重要なのです。この分析作業を通じて、自分なりの答えが得られて初めて「理解」できたと言えます。

本章では、中国でパクリ・ニセモノが横行する背景については歴史と発展段階から分析し、知的財産権大国化が進む原因は、中進国の罠の回避策として研究開発活動を推進する中国政府の方針に求めました。もちろん、ほかにも様々な要因がありますが、紙幅の制限があるためにここまでにしたいと思います。中国のパクリ問題に興味のある方はぜひ本章で触れられなかった点についても研究を進めてみてはいかがでしょうか。

【読書案内】

池上彰『そうだったのか！　中国』集英社、2010年。

本書を読めば日本社会における標準的な中国像がつかめます。中国のパクリ問題について勉強する前にまずは本書のような入門書を通じて中国の歴史と政治について勉強しましょう。

パット・チョート『模倣社会』橋本碩也訳、税務経理協会、2006年。

世界最大の知的財産権大国――米国が歩んできた歴史、知的財産権法をめぐる国家間攻防の歴史を描いているので、歴史的な視点から知的財産権問題について学べます。学術書ではないのですが、読みやすいのでおすすめです。

馬場錬成、経志強『変貌する中国の知財現場』日刊工業新聞社、2006年。

中国におけるニセモノ商品の氾濫、日本企業の対応についてわかりやすく紹介したレポートです。本書では中国でニセモノが横行している理由について的確な分析がなされており、近年進む研究開発事情と政府の知財戦略についても紹介されています。

第Ⅲ部

ケース＆ディスカッション

ケース＆ディスカッション①

日本の地球温暖化対策をどのように考えるべきか？

今野茂充

前提と説明

2015年12月に開催された国連気候変動枠組条約第21回締約国会議（COP21）では、地球温暖化による平均気温の上昇を産業革命以前と比べて2度より十分低い水準に抑える努力をすることで、全参加国が合意しました。20世紀以降、すでに0.8度ほど平均気温が上昇したことを考えると、この目標は非常に困難なものです。多大な努力と費用が必要になります。はたしてこの合意は、世界の人々の温暖化対策への強い意志を反映した結果なのでしょうか。

じつはそうとも言えません。人間の活動から生じる二酸化炭素（CO_2）などの温室効果ガスが原因で地球の気温が上昇するという人為的地球温暖化の問題は広く認知されていますが、必ずしも「今そこにある危機」とは認識されておらず、対策に向けて気運が高まっているとも言えません。アメリカやカナダでは温暖化対策法案が議会で廃案になっていますし、オーストラリアでは2013年に気候変動・エネルギー省が廃止され、14年には炭素税が廃止されました。各種の世論調査も、現在の世界の人々の最大の懸案が気候変動ではないことを示しています。

例えば、イギリスの調査会社You Govが、北米・欧州・中東などの17ヶ国を対象に実施した意識調査（2015年11～12月）では、「最も深刻な脅威」を1つ選択する設問に、25.1％の人が「世界的なテロ活動」と回答しています。「気候変動」という回答（12.8％）は、「貧困・飢餓・水不足」（15.2％）

に次ぐ3番目でした。また、2014年12月にアメリカのCNNと調査機関ORCが実施した意識調査では、「在命中に地球温暖化があなたの生活様式に深刻な影響を及ぼすと思いますか」という設問に対して57%の人が「いいえ」と回答しています。もっとも、2015年6月に全世界のカトリック教会の最高指導者であるローマ教皇フランシスコが地球温暖化に関する異例の警告を発してから、アメリカでは温暖化を深刻な危機と考える人々が増加傾向にはあるようです。

一方、官民一体となって地球温暖化対策に取り組んでいる日本は、地球温暖化に最も危機感を持つ主要国の1つです。アメリカの世論調査機関ピュー・リサーチ・センターが2015年に世界40ヶ国で実施した意識調査によると、71%の日本人が「気候変動は現在の世界にすでに悪影響を及ぼしている」と回答しています。アメリカ（41%）、イギリス（48%）、中国（49%）、ロシア（42%）と比べると明らかに高い数字です。環境先進国と言われるドイツでさえ66%という結果です。

ノーベル平和賞を受賞したアル・ゴア元米副大統領が出演したドキュメンタリー映画『不都合な真実』もその典型例ですが、地球の破滅を連想させるような警告を目にする機会が多くあったことも考えると、世界の人々の地球温暖化対策への関心は思いのほか低い状況と言えるのかもしれません。

とはいえ、こうした世界の人々の態度は、無知や無関心の結果ではなく、いくつか理由があると考えることもできそうです。

第1に、1998年以降、大気中のCO_2濃度の上昇は続いているのに、地球の気温の上昇は頭打ちになっています。「ハイエイタス」とも呼ばれていますが、温暖化の科学的根拠を提供してきた気候モデル（スーパーコンピュータによるシミュレーション）は、事前にこの現象を予測できませんでした。温暖化問題の世界的権威である気候変動に関する政府間パネル（IPCC）の報告書では、第5次報告書（2013〜14年）で初めてこの現象への言及がありましたが、それ以前は実質的に無視されていました。

第2に、日本ではあまり報道されなかったクライメートゲート事件の影響です。この事件は、温暖化研究の重要拠点であったイースト・アングリア大学気候研究ユニット（CRU）のサーバーから盗み出された大量の電子メールが、2009年11月から3度に分けてネット上に晒された事件です。事件の大要については、深井有『地球はもう温暖化していない――科学と政治の大転換へ』（平凡社新書、2015年）や渡辺正『「地球温暖化」神話――終わりの始まり』（丸善出版、2012年）などによくまとまっています。問題となったのは、ジョーンズCRUユニット長をはじめ、IPCCの議論を主導してきた有力な気候学者が、温暖化を強調するための「印象操作」のようなデータ補正を行っていたり、使用した気温データやデータの補正方法の公開を拒んでいたり（一部は情報公開法により開示されました）、温暖化論を否定する研究論文の学会誌への掲載を妨害しようとしていたことでした。いずれにせよ、この事件を契機に地球温暖化問題の権威であるIPCCの信頼性が大きく揺らぐことになりました。

そのほか、世界の人々の「温暖化イメージ」の形成に寄与してきた『不都合な真実』などの作品に、温暖化被害とは本来無関係のはずの気象災害やシロクマの話を結びつけるような事実誤認や誇張が多く含まれていたことも今ではよく知られています。温暖化による海面上昇でツバルなどの島々が沈みつつあるという有名な話も同様です。杉山大志『地球温暖化とのつきあいかた』（ウェッジ、2014年）には、ツバルの現状が温暖化とはあまり関係ないことがわかりやすく説明されています。同書は、著者自身を含めIPCC報告書の執筆に参加する研究者の一部から、「政策決定者向け要約」に象徴されるIPCCの政治色の強さに疑問の声が出ていることも指摘しています。

しかし、そうはいっても温暖化対策にもつながる「省エネ」や「環境保全」の価値を否定する人は少ないと思います。読者のなかにも「そもそも地球温暖化を疑う必要がどこにあるのかまったくわからない」という意見をお持ちの方は少なくないと思います。たしかに、地球温暖化という問題が純粋に地球で暮らす人々の「心構え」の問題であれば、無用に疑わずに「省エネ」や「環境保全」に努めることが望ましいということになるのかもしれません。ところが話はそう単純ではありません。この問題をめぐり、様々な利害や思惑が交錯し、巨額のお金が動いているからです。

途上国にとって、温暖化対策をめぐる国際交渉の場は、資金援助という名の「富の再配分」を実現するための絶好の機会となっています。ツバルのソポアガ首相は、COP21の際に「現在の気温上昇のなかでツバルの未来はすでに希望がない状態です。どんな気温上昇もツバルの完全なる消滅を意味するでしょう……最も脆弱なところが資金援助リストの一番上にくることを確実なものにしなければなりません」と演説し、優先的な支援の実施を訴えました。結局、COP21では、先進国が途上国の温暖化対策のために年間1000億ドル（約11兆円）規模の資金援助を2025年まで延長して実施し、その後の資金援助についても議論を継続することが決定されました。日本も現在、温暖化対策のために約1兆円の途上国支援を行っています。それも含めて、日本は近年、地方自治体も含めると年間約4兆円の地球温暖化対策費を投じているとも言われています。

ところで、かりにIPCCなどが主張してきた人為的温暖化論が間違っていた場合、巨額の温暖化対策費用が無駄遣いということになってしまいますが、読者の皆さんは温暖化論の科学的信頼性について自分自身で考えたことはあるでしょうか。専門家ではない人が、何が正しいのか判断することは実際のところ難しいと思いますが、水面下の激しい駆け引きや利害関係の交錯ぶりを考えると、国連主導の啓蒙・宣伝活動やそれに追随するメディアの情報を、少なくともそのまま鵜呑みにすることは避けたほうがよさそうです。

そして、温暖化の脅威が事実だとしても、安全保障から少子高齢化や子供の貧困の問題に至るまで、他に優先度の高い問題が多く存在するなかで、日本が年間約4兆円もの公費を地球温暖化対策に投じることが本当に妥当なのかという問題もあります。深刻な被害が出る可能性があれば、科学的根拠が完全でなくても予防措置をとるべきだという予防原則の観点も理解できます。ただ、政策の優先順位や温暖化対策の費用対効果については、もっと広い範囲で議論があってもよいように思います。例えば今では「失敗」という烙印を押されがちな京都議定書ですが、日本はどの程度の支出をして、世界全体の温暖化対策にどのような影響をもたらしたのでしょうか。

地球や宇宙については、解明されていないメカニズムがいまだに多く存在します。地球温暖化のマイナスの側面ばかりが強調されがちですが、寒さによる死者が減少することや、CO_2の濃度が上がると農作物の収穫量が増大することのようにプラスの側面もあります。北極の海氷面積の減少がクローズアップされていますが、南極の海氷面積はここ数年、観測史上最大を記録し続けています。通説になっている、産業革命以前と比べて温暖化を2度以内に抑えるべきだとする「2度シナリオ」にも注意が必要です。厳密な科学的根拠に基づくものというよりも、政治的要請から作り出されたものだからです。想定されるコストと便益は見合っているのでしょうか。物事を一面的に見ていないでしょうか。各国はどのような政治的思惑を持っているのでしょうか。こうしたことをゼロベースで冷静に検討しながら、日本の温暖化対策のあり方を考えてみると、違った景色が見えてくるかもしれません。

ディスカッション

今野　IPCC第五次評価報告書の第一作業部会報告書「政策決定者向け要約」には、「気候システムの温暖化には疑う余地はなく、人間の影響が20世紀半ば以降に観測された温暖化の支配的な要因である可能性が極めて高い」と書かれています。

気候モデルのシミュレーション結果が観測された気温上昇とほぼ一致していて、同じ気候モデルで人為的要因を除いてシミュレーションすると20世紀後半に温度が上昇しないという結果が得られることから、人為的活動による温室効果ガスの増大を含めないと20世紀後半以降の温暖化を説明できないという論理です。

このように、人為的地球温暖化論は気候モデルによるシミュレーション結果を議論の大前提にしているわけですが、そもそも複雑な現象をモデル化して、現実世界の将来をどの程度正確に予測できるかという問題はあると思います。社会科学の世界では、遠い将来の予測を行うこと自体に慎重な研究者も多いと思いますが、気候モデルによる予測については、どのように考えるべきでしょうか。

吉井　西部忠「進化経済学の現在」（吉田雅明編『経済学の現在2』日本経済評論社、2005年）によると、社会科学では、シミュレーションは、現実を正確に模倣、再現し、将来を予測するためのものではありません。現実の背後にある固有のパターンや秩序をコンピュータ上に人工的に再現して、分析対象となる現象を「説明」したり、設計者が仮定した秩序（モデル）が本質を突いているかどうか吟味したりするためにシミュレーションを行っています。

一方、自然科学では、社会科学よりも正確な実験を行うことが可能とされてきたため、シミュレーションが予測にも活用されてきました。自然科学における法則は、より再現性が高いので、そのような法則を取り入れたモデルも実証に耐えうるものが多く、一般的にはシミュレーションの結果自体に意味がある場合も多いと思います。

今野　たしかに基本的な物理法則のように因果関係がはっきりしていればそうだと思います。ただ、地震研究が典型かもしれませんが、因果関係に不確実な点が多い場合、シミュレーションの信頼性には留保がつくと思います。気候モデルの場合にも、定量化できないことはシミュレーションの設計から除外されていて、近年の太陽研究が重視している宇宙線の影響なども考慮されていないようです。

吉井　重要なことはモデルの誤差見積りを継続して、トライ・アンド・エラーを繰り返しながら、予測の精度を高めることだと思います。フレデリク・リュンビストらが2016年に『ネイチャー』に発表した論文で、地球の気候予測に誤りがある可能性を指摘していますが、シミュレーションという方法自体は否定されるものではないと思います。

広田　データ分析を行う人なら当然理解していることですが、過去のデータを用いた統計的な検証にしろ、将来予測にしろ、本来なら分析に入れるべき重要データが欠落している場合、分析結果に大きなバイアスをもたらします。

ただし、吉井さんが指摘されているように、シミュレーションを含めたデータ分析自体を否定する必要はないと思います。分析のための道具として考えるべきで、用いる道具の長所・短所を把握したうえで、どのような場面で、どのような道具を適切に使用すればよいのかを考えるべきです。あくまでも道具なのですから。

青木　「地球温暖化が進行している」と子供の頃から教え込まれていて信じてきましたが、「進行していない」という議論があることに驚きました。企業会計で重要視されている利益の数字もそうなのですが、データを見せられると、ついついそれを鵜呑みにしてしまいがちです。でも、データを見るときは、いつ、誰が、どのような方法でまとめたものなのか、しっかり確認する必要がありますね。

広田　青木さんがおっしゃるように、どのようなデータを用いて、どこまで説明できる分析なのかを自分自身で判断できるようになることが大切だと思います。

今野　では次に、地球温暖化に関する日本のメディアの報道姿勢について少し議論したいと思いますが、なぜクライメートゲート事件は大々的に報道されなかったのでしょうか。

山本健　僕は一応、どこかでクライメートゲート事件の報道を見たか読んだ記憶がありますが、たしかに大々的な報道はなかったかもしれないですね。

吉井　なぜ大きく報道されないのかはわかりません。ただし、今はインターネットが発達しているので、情報を得ることは簡単です。興味があれば自分で調べることはいくらでもできます。例えば、二酸化炭素濃度の上昇よりも気温の上昇が先行していたデータについても、ネット上では活発に議論されていました。

片山　新聞やテレビは、リスクを伝えることを「使命」にしてきたので、地球温暖化の場合も、それに反するニュースに対しては反応が悪いという面もありそうです。

今野　中国メディアはどうでしたでしょうか。

兪　中国の場合、温室効果ガス削減に十分にコミットしていないという批判をかわすために、政府が大々的にクライメートゲート事件を報道させてもおかしくなかったのですが、実際には主要紙の一部が概要を紹介する程度でした。いくつか理由が考えられますが、単純に、中国の政府とメディアに気候変動問題についての独自解釈を示す準備がなかったということも大きいと思います。気候変動問題の「解釈権」は先進諸国が握っているという印象もあります。

今野　当時の中国は温暖化対策の恩恵を受ける側だったので、慎重な行動をとった面もあるかもしれませんね。

温暖化対策のためのコストを負担する日本企業がどのように考えているのかも気になります。黒木亮が小説『排出権商人』（講談社、2009年）で、企業関係者の葛藤を描いていましたが、「CO_2削減が必要」という「日本社会の常識」について、企業の方々は疑問を感じたりすることはないのでしょうか。

岩田　企業にとって温暖化対策は一種の規制で、利益追求という観点ではマイナス要因です。温暖化論の信頼性を疑う言説があれば、それを大いに利用する動機を持つはずです。でも、実際にはそんな要素はないですね。これはつまり、「温暖化の危機」というストーリーが国内に定着していて、それに協力することが企業にとってPRであり、ルールであるわけです。例えば、レジ袋の節約や節電を打ち出せば、比較的低費用で、エコな社会に貢献する姿勢を演出できるわけですね。

吉井　日本はすでに「CO_2削減が重要な社会」になってしまっているので、企業もそれを前提に商品開発を行っていると思います。日本人の美徳に「省エネ」があっているからかもしれませんが、地球にやさしい商品は日本でよく売れています。CSR（企業の社会的責任）という観点よりも、省エネ商品が売れているという面が大きそうです。CO_2の削減で実際に温暖化が止まるかどうかは関係なくなっていると思います。

岩田　ある意味残酷なことですが、いったんPRの手段になってしまえば、それに科学的根拠があるかどうかは、当面の間、さほど重要ではなくなります。もっとも時間が経てば、このようなPRが飽きられて、科学的根拠を問うような姿勢が前面に出てくる可能性もあるとは思います。

佐々木　全員がある行動をとっている状態で、誰もその状態から逸脱するインセンティブを持たない状態を経済学では「ナッシュ均衡」と呼びます。「温暖化の危機」のストーリーが定着している日本では、多くの企業がCO_2

削減のために様々な取り組みをし、それ自体がビジネスとして成立していますが、まさにナッシュ均衡の状態になっていると言えるでしょう。もちろん、「温暖化の危機」に疑問を感じる企業人もいるかもしれませんが、一企業だけが現在の均衡から行動を変えたとしても、特段の理由がない限り大きな利益を得られるとは思えません。

矢部　消費者の多くは、温暖化対策のために消費生活を改めたり、温暖化の原因や有効な対処法について自分で調べたりしたいとは思っていません。ただし、「温暖化＝害悪」というイメージは定着しているので、「エコ」「省エネ」「地球に優しい」といった記号のついた商品を購入することで、「自分も温暖化対策にかかわっている」という実感を得ています。もちろん、実際には温暖化対策にあまり貢献していないという不安を感じる人も少なくないわけですが、「もっと地球に優しい」最新の省エネ商品に買い換えることで、「自分も貢献している」という実感（錯覚）を保つことができるのです。

「エコ消費」はすっかり定着しているので、企業だけではなく、消費者にとっても「温暖化を止めなければならない」という「神話」が必要なのだと思います。

今野　今の日本では、企業にも消費者にも「温暖化＝害悪」というイメージが必要ということですね。イメージの形成には「政治」も関係していると思いますが、温暖化問題をめぐる政治的思惑についてはどう見ればよいのでしょうか。

山本健　まずは、既存の報道や「常識」を疑ってみる、少なくとも鵜呑みにしないという姿勢は重要ですね。社会科学の基本ですし、そこから自分の頭で考えることにもつながるので。その意味で、IPCC が必ずしも「科学的」で「客観的」で「中立」ではなく、政治色があると見るのは妥当な姿勢だと思います。ただし、同時に温暖化懐疑論の側にも政治色や政治的思惑があると疑ってみることも重要だと思います。つまり、温暖化を否定することで得をする人たちがいるのでは、ということですが。

今野　石油や石炭などの化石燃料産業は、温暖化対策によって利益が減少することになりますしね。この種の話は陰謀説になりがちですが、研究論文もあるようです。例えば、エクソン・モービル社とコーク・ファミリー財団が温暖化懐疑派のネットワークのなかで重要な役割を果たしてきたことを論じている論文が、最近の『ネイチャー』(2016年4月号）に掲載されていました。もちろん、温暖化に警鐘を鳴らす側の人々も、巨額の資金を投じていろいろな活動をしているはずです。

藤重　国連があるトピックに関する政策を重視し、その推進や擁護のために公的な意思表示をすれば、それは規範として道義的な力を持つわけですが、その背景には往々にして、その政策に公的なお墨つきを与えようとするグループのロビー活動が存在するのも確かです。

山本健　いろいろな政治的思惑もあると思いますが、例えば、「何ミリシーベルト以下の被爆が安全か」という線引きのように、客観的に示すことが難しい問題については政治的に決めるしかないという面は理解しておくべきだと思います。

今野　ところで、日本の小中高の学校教育では、人為的地球温暖化の脅威のみを学習している状況にあるようです。環境省が作成した教材には、「将来を担う子供たちが、地球温暖化問題の重大性を正しく認識・理解し、地球温暖化防止のための行動を「習慣」として実践できるようにするためには、学校における地球温暖化問題についての体系立った教育が重要です」と書かれています。

たしかに地球温暖化についての体系的な学習は必要だと思いますし、その際、懐疑論を扱うと子供たちが混乱する可能性もあると思います。しかし、本当にそれでよいのでしょうか。明確な結論が出せなくても、いろいろな知見をできる範囲で再検討していくようなやり方のほうがよいのではないでしょうか。

片山　現状では、学校教育の場ではリスクのみを強調している状況です。例えば小学校の社会科の教科書では、どれを見ても、将来ツバルは温暖化で水没することになっています。教科書という性質上、最近の多様な知見を掲載することは難しいのかもしれません。その意味で、大学などで温暖化を学ぶことは、小中高の教科書などの既存の知識に捉われずに新しい見解を知ることにもなります。それに、このテーマは多様な観点から議論できることを実感できるトピックだと思います。問題は「様々な見解」を目にする機会がどの程度あるかということでしょうか。専門家の議論を見極めることも普通の人には困難だと思います。

吉井　私も懐疑論も扱ったほうがよいと思います。温暖化が事実であれば、原因に関係なく、「共有地（コモンズ）の悲劇」や地球環境のことを考えられる人材の育成が必要になるからです。教育などを通じて社会で作られた価値観は地球環境にも影響します。ミーム（文化遺伝子）をしっかり引き継ぎ、「みんなで環境を守ろう」という価値観を、世代を超えて伝えていく必要があります。ただし、ミームそのものが一方的な情報から形成されることは健全な状態とは言えません。

片山　地球温暖化の問題は、未来をどのように構想するかという側面を多分に含んでいますよね。

矢部　「エコ」消費者にとっては、地球環境の改善に貢献しているという実感が大事なので、懐疑論のような情報はむしろ不要ということになりそうです。

今野　最後に本題なのですが、日本は年間4兆円程度の温暖化対策関連経費を支出していると言われますが、「費用対効果」や「政策の優先順位」という観点から考えて、この予算規模は妥当なのでしょうか。ちなみに防衛費は約5兆円です。

広田　日本政府の一般会計予算規模から考えれば、決して少なくないと思います。予算規模の妥当性を議論するためには、政策を適切に評価することが必要です。

「費用対効果」という視点は、すべての支出に関して大切なことです。近年、イギリスなどで導入されている新公共経営手法をもとにした行政評価ブームが日本でも起きましたが、その多くは行政主体のアンケート調査といった、主観的評価に基づくものでした。日本の行政評価手法の多くは、科学的根拠に基づいているとは言えません。行政評価を導入したこと自体に満足しているという印象を持つことも多いです。

温暖化対策関連経費についても詳細な検証が求められていると思います。ただし、公共サービスの費用を見ることは比較的容易にできますが、公共サービスの効果（アウトプット）を計測することは大変困難です。企業の売上高と異なり、公共サービスの効果は数値化することが難しい場合が多いからです。どこまでを温暖化対策の効果として計測するかで、費用対効果の計測結果は異なると言えるでしょう。

今野　線引きがなかなか難しそうですね。

広田　「政策の優先順位」という点では、日本では、温暖化対策の優先順位があまり高くない印象です。しかし、予算規模は少なくありません。

政治経済学の研究では、大臣や省庁の数が増えるほど、それぞれが予算獲得競争に走るため、必要以上に予算が増大する傾向にあることが指摘されています。もちろん、縦割り行政の弊害もあります。かりに、温暖化対策の関連経費にも同じことが起きているのなら、詳細な検証が求められるでしょう。

岩田　現在の一般会計予算は95兆円を上回る程度で、そのうち政府の借金の返済や利払いに20兆円強、社会保障に30兆円強を割り当てています。つまり、残りの約45兆円をその他の様々な用途に振り分けているわけです。文化や科学の振興に約5兆円、少子化対策の関連予算も約4兆円あります。

すでに割り当てられている少子化対策関連予算の有効活用をはかることが前提になりますが、「優先順位の問題」として考えると、温暖化対策に割り当てられている予算を、もう少し少子化対策関連の予算に充当してもよいと思います。子育て世代を対象とした所得税減免を行うための財源にすることもできるはずです。

吉井　『ネイチャー・クライメート・チェンジ』の2016年7月号に掲載されたサイモン・デーツらの論文によると、2100年までに産業革命以前と比べて世界の気温が2.5度上昇した場合、経済的損失が約2.5兆ドル（275兆円）にまで膨らむ可能性があります。毎年4兆円という金額が妥当かどうかは検討の余地がありますが、何も対策を行わずに最悪のシナリオを引き起こすことは避けなければいけないですね。

今野　かりに日本が、毎年4兆円の支出を2100年まで継続すると、合計で

320兆円以上の支出になってしまいますね。いずれにしても、広田さんも指摘されていますが、金額の妥当性の評価は難しい問題です。

山本健　科学的に不確実性が残っていると正確なコストを算定できないため、正確な費用対効果を測定することができないということにもなりますしね。

そうなると、選択肢は大きく①不確実なものにコストは払わない、②不確実であっても予防措置をとってリスク管理をする、の2つということになります。

どの程度、リスク管理をするかという問題は大いに議論すべきだと思いますが、結局不確実なので客観的な答えは出すことはできないと思います。「最悪」に備えるという政治責任の問題にもつながってくるかもしれません。データや論争点を精査した後、最後は政治家ひいては国民の政治的選択という部分があることも意識しておくべきです。選択や決断のために、私たちは学ぶ必要があると言ってもいいかもしれません。

今野　やはり将来の「費用対効果」を正確に測定することは難しそうですね。でも、例えば1997年に採択された京都議定書関連の話のように、過去のことであればもう少し議論しやすいでしょうか。京都議定書の効果については、2000年に公刊されたW・ノードハウスらの研究（*Warming the World*, MIT Press, 2000）のように、2100年時点で予想される気温上昇を0.03度しか抑えられないという悲観的な推定もあったようですが。

吉井　「効果」をどのような文脈で評価するかにもよると思います。いずれにしても、近視眼的な利益に捉われてはいけません。他国がどのような判断を下すかは、各国の考え方次第ですが、日本は無理に横にならう必要はないと思います。

一方で、日本だけが多額の資金を用いて対策を進める状況になると、それこそ「共有地の悲劇」がおこる可能性があります。他国も対策をしないならば、日本もやらないという悲劇です。そうなると地球全体が大きなリスクにさらされることになります。そのような意味でも、温暖化の原因をしっかりと解明し、政策協調を強化する必要があると思います。

ケース＆ディスカッション②

いろいろ知らないはずの私たちは、どうしてうまくやれるのか？

岩田正隆

この章では、社会についていろいろなことを知らぬまま放っておいている私たちが、そのままでも暮らしていけるのはどうしてなのか、ということを考えてみましょう。この疑問を、筆者（以下では簡潔に、私、とします）の得意とする経済学の知恵を時々使いながら、他の執筆者の皆さんのお知恵を拝借して、紙面が許すところまで解いてみたいと思います。

世には、珍しいことをたくさん知っている人たち、その知識をおおいに活かして仕事をしている人たちがいます。そういう人が多くいるわけではありませんが、いることは間違いありません。私は子供の頃から、どうしてこの人たちはこんなにものを知っているのか、と不思議でなりませんでした。そして、大人になればその謎は解けるのかもしれないなあ、とぼんやりと夢見ていました。ところが、歳をとってみても、謎はちっとも解けませんでした。それどころか、おかしいなと思うところがますます増えていったのです。

物知りな人に、どうしてそんなことをご存知なのか尋ねると、たいていの場合に「調べたからです」「勉強したからです」と返事をいただきます。それはもちろんそうなのでしょうが、私が幼い頃から持ち続けている疑問への答にはなりません。物知りな人々の漂わせる不思議さは、なぜそんなことを調べよう、勉強しようと思ったのか、さらに言えば、重要なことをピンポイントに探り当てて勉強できるのはどうしてなのか、というところにあるからです。

そして、そんな上手な調査や勉強を、世の中のあらゆる人々が実行できているとはとうてい思えません。私のような下手っぴがいることを私自身が知っていますし、下手っぴは私独りではない、ということを人付き合いを通じて知っているからです。大体、みんなが自力で調査と勉強ができるのであれば、今のような教師や授業・講義はいらないはずです。

しかも、もっと意地悪なことを言うと、そうした重要なこと、大事なことがどうして他人に伝わるのかもよくわかりません。大事なことは隠しておいて自分だけがいい思いをできるようにしよう、という悪知恵くらいは、多くの大人が身につけるからです。例えば、ヨーロッパで数学が発達していく過程では、開発した数学的な証明を自分だけの秘密にしておく数学者がいたことが知られています。

だとすると、すごく基本的なところに疑いをもたなければならなくなります。

なぜ、私たちはうまいこと暮らしていけるのでしょう？

えっ何の話だい、と思われる方も多いでしょうから少し補足させてください。大事なことを探り当てて勉強することそのものが大変で、しかもわざと隠す人もいるかもしれないという割には、私たちは自分の知らないことにそれほど足元をすくわれません。もちろん詐欺の被害など、情報不足に陥った人が損をする事件もありますが、それがニュースになる程度には珍しいのです。

私たちは、企業の商売の様子や、世に定められている法律など、生活していくうえで比較的重要なことをしばしば知らずにいるわけですから、本当ならもっとたくさんの損をしているはずなのではないでしょうか。大事な財産を預けておいた会社が倒産してこちらまで無一文になったり、知らぬ間に法律に違反していて突然罪に問われたりすることが、しょっちゅうあっても不思議でないのではないでしょうか。どうして、私たちはうまくやれるのでしょう。

この章では、このことをずっと考えていきます。

私の場合

話の腰を折るようですが、なぜ私がこの疑問をずっと抱え続けることができたのか、を説明させてください。おじさんになってもこのような、直接お金にはなりづらそうな疑問を魂のなかに抱え続けるというのはそんなによくあることではありません。このあとに続く文章にお付き合いいただくためにも、私がどういうことを勉強した人で、その勉強がどうして今回の疑問につながるのか、わかっていただいたほうがよいと思うのです。なんとなれば、これこそが、「どうしてそんなことを勉強しようと思ったのか」に対する、私なりの答になると思うからです。私がそもそも物知りであるかどうかはさておき。

私は経済学のなかでも、近代経済学と呼ばれる学問について勉強してきました。1950年頃にはおおよその形が完成し、これまで60年ほど、経済学の主流派（つまり、流行りの分野）となってきた学問です。大学などの場所で経済学の入門的な勉強をするとしたら、高い確率でこの分野の勉強をすることになるでしょう。教える側がしばしばこの分野の専門家だからです。もっとも、流行っているかどうかはどうでもよいことですね。

近代経済学が教える市場（しじょう）の仕組みは、かなりよくできていて、データを使ったシミュレーションも行えるところまで発達していますが、かなりのクセがあります。とくに、入門の講義で教えられる古典的な市場の理論に、そのクセが一番強く出てきます。どんなクセかと言うと、経済活動に参加する人々（経済主体と言います）が、かなりの物知りで、高い計算能力を持っている、と仮定しているのです。私たちは世にある商品たちについてよく知っていて、その品質もじゅうぶん承知していて、その知識を活用していつも賢い買い物ができていて、当然企業でもそのような人たちが働いているので無駄は出さない、という前提からスタートするのです。そして、この前提が正しい限り、商品はそれをより高く評価する（つまりより高い支払いをする）人のもとに届きますし、企業は自主的に（儲けるために）無駄を省いて効率良くものづくりをするようになります。

ところが、私も読者の皆さんにも、そんなことはないだろう、と思えるような経験がきっとあると思います。例えば私は自宅の周囲にあるスーパーでいつどのようなバーゲンセールをしているのかろくに知りませんし、商品の品質も買って使ってみてようやくわかることがしょっちゅうです。そういう方は比較的たくさんおられるようで、買ってみて損をしたという話をよく伺います。私たちの学習能力はそこまで万能ではありません。私などは、上で述べた疑問を子供の頃から引きずっているものですから、本当は違うはずなのになあ、おかしいなあ、と疑問をますます強くすることになるわけです。

ただし、経済学者の名誉のために、2つほど言い訳をさせてください。

第1に、経済学者自身も、このような仮定を真実だとすっかり信じているわけではありません。学者にだって日々の生活はありますからね。ですから、経済学者を、ヘンなことを信じ込んでいる話の通じない連中だ、とみなすのだけはご勘弁ください。

第2に、大きな経済の動きについて、データのふるまいにおおよその説明を加えることを目的にする限りで、これで問題がほぼ出ないのです。というのも、私たちは使い慣れた商品や通い慣れた店については実際に物知りになっていくからです。知らずに損をするのは新しい環境（引っ越した直後や、新商品の発売の直後など）に慣れない間だけで、取引の大半においては、よく知っている商品をよく慣れている場所で売買していますから、上のような仮定をしてしまえるわけです。

経済学者の名誉は最低限守れたと思うのでもとの話に戻ります。

伺ってみよう

初めにご紹介したような社会全体をつつむナゾについて思い悩むときには、人様の知恵を拝借するのがおすすめです。社会のナゾは理科のナゾと違って実験でつきとめるのも一苦労ですし、かといって独りの妄想力ですべてをつきとめるのも大変です。むしろ、大変であるからこそ今もナゾのままなのだ、と言うのがいいでしょうか。そこで、本書の執筆者のなかからお２人にお願いして、経済学でない分野では、私の「どうして私たちはうまくやれるのですか」という質問にどんな答を返してくださるのか、伺ってみることにしました。

今回のコメンテーターは、会計学者の青木康晴先生と、法学者の田中謙一先生です。本書では、青木先生は会計学の観点から企業の「良さ」を評価する様々な基準について、田中先生は法と慣習との関わりについて書いておられます。お２人の章をうけて、私の興味関心に合わせた質問を個別に作り、答えていただきました。

お２人に投げかけた質問はそれぞれ以下のようになります。

青木先生へ

株主になろうとしている投資家にとっては、「良い」企業というのは明らかなのですか。それはどうして判断できるのでしょう。

田中先生へ

国民の大半は六法全書をひもとくことさえないまま生活するわけですけれど、国民が知らないはずの法を守って暮らせるのはどうしてですか。

ここから先は、お２人からのお返事を部分ごとにご紹介しつつ、私なりのコメントや返答を付していこうと思います。お２人には誠に失礼ではありますが、文章を段落ごとに分割して、コメントを付しながら、少しずつお見せしていこうと思います。お名前の50音順に、まずは青木先生のお返事から見ていきましょう。

青木先生の場合

問１：株主になろうとしている投資家にとっては（そこに限ったら）、「良い」企業というのは明らかなのですか。それはどうして判断できるのでしょう。

青木　私の担当章（第10章）で、株主になって儲ける方法は2つあると書きました。1つは、値上がり益です。株式の価格（株価）が上がれば上がるほど、それを売却することで儲けることができます。もう1つは、配当です。配当は現金で支払われますから、配当をたくさん支払う企業の株式ほど、儲けることができます。したがって、値上がり益と配当収入が、投資家にとって「良い企業」の判断基準となります。投資家は、これらのリターン（見返り）を期待して、株式を購入するのです。

岩田　原則として、投資家は儲けを基準にして企業の良さを評価するわけですね。経済学でもたいていの場合そのように考えます。

株式それ自体が財産ですから、値段が上がるのを待って売れば儲かる。しかし、株式は同時に、企業にお金を貸した証拠でもあるわけですから、持っていると利子のようなもの（配当）が受け取れます。重要なのは、株式を売ってしまえばもう株式の持ち主でなくなるため、配当は受け取れなくなるという点です。この2つの儲け方は、株式1枚につき、どちらか片方しか選べないわけです。このような、片方を大事にするともう片方が損なわれるような関係をトレードオフと言います。

青木　ここで、「期待」という言葉が出てきました。期待とは、「望ましい状態や結果をあてにして、その実現を心待ちにすること」（『明鏡国語辞典』）です。つまり投資家は、将来の株価や配当について何らかの予想をしたうえで、その株式を購入するかどうかを決めるのです。しかし、実際にそうした予想が当たるとは限りません。むしろ、予想したとおりのことがそっくりそのまま起こることのほうが少ないでしょう。株式投資をする際には、将来予想が外れるかもしれないことを承知のうえで、最終的な判断を下す必要があります。

岩田　値上がりを期待して株を買っても、あくまで未来のことですから、予想が外れて大きく値下がりしてしまうことも、発行元の企業が倒産してしまって配当が手に入らなくなることもありえるわけですね。恐ろしいことです。

青木　これまでは株価と配当を分けて考えてきましたが、将来予想という視点を取り入れると、じつは両者は密接に関連しています。細かい説明は割愛しますが、企業の株価は、その企業が「将来支払うと予想される配当」に基づいて決まると考えられています（実際にはそんなことはない、美人投票的な側面が強いといった点については、岩田さんに説明していただくのがよいかもしれません）。言い換えれば、将来たくさん配当を受け取れると多くの人が期待する株式ほど、多くの人が買いたいと思うので、結果として高い値段がつけられることになります。

岩田　では、その「細かい説明」は私が少々補いましょう。話の大切なところだけであれば単純でして、「差し出せば1000円もらえるチケットの価値は1000円に決まっているじゃないか」という理屈を株式にも適用するだけです。つまり、配当が将来にわたっていくらくらいまで手に入りそうか、その金額の合計を予想して（どんな会社もいつかは潰れる危険があるので無限大には滅多になりません）、株式の価値（＝値段）にすればいいわけです。経済学ではこの理屈を債券価格理論と呼びます。

もっとも、現実の株価はこの債券価格理論に滅多に従ってくれません。なかでも謎めいているのが、配当による収入の合計からはとても考えられないような高い株価がつくことがあることです。このような出来事を「バブルが発生している」と言います。青木先生の仰る美人投票というのは、このバブルのでき方を説明するストーリーの1つです。もともとは新聞の読者コーナーで女性の顔を並べて「誰がいちばん美人と思うか」投票し、最上位を当てた投票者に景品を提供する企画の名です。株の価格はこの美人投票と同じ仕組みで決まっています。手に入る配当などと関係なく、偶然みんなの人気者になった株は、どんどん買い注文がくるために、価格が大きく上昇するという理論で、特に好景気のときの株価の急上昇を説明するのによいとされています。

ただしそれでも、高い配当収入を期待できる株式の方が株価も高くなりがちだ、という傾向がすっかり崩れてしまうわけではありません。配当の高そうな株式のほうが人気が出やすいという理屈は引き続き成り立つからです。

青木　第10章で述べたように、配当は利益のなかから支払われます。したがって、株価を予想するうえでも、配当を予想するうえでも、その企業が将来どれだけの利益を稼げるかが重要になってきます。利益は売上と費用の差額ですから、利益を予想するためには、売上と費用を予想する必要があります。しかし、それは決して簡単なことではありません。

例えば、ある企業が新製品を発売するとして、それはいくらの価格で1年間に何台売れるでしょうか。その新製品を生産・販売するためには、いくらの費用がかかるでしょうか。当事者である企業であっても、正確に予想することはできないでしょう。それを外部の投資家が予想するのですから、人によって意見もバラバラでしょうし、結果として、投資するかどうかの最終判断にも違いが出てきます。つまり、同じ企業を見ていても、将来、株価が上がり配当も増えそうだから株式を買う投資家もいれば、反対の予想をして買うのをやめる投資家も出てくるのです。どちらが正しいかは、実際に将来がやってくるまでわかりません。

岩田　利益は配当のもとであると同時に、企業がどれくらい潰れづらいかを測る尺度（目安）にもなるでしょうから、大切に違いありません。その予測が決して簡単でないこともわかりますが。

私のごとき素人にとってはまずここが大事と言えそうなところがさらっと書かれているので、そこをちゃんと書き留めておこうと思います。

利益とは収入から費用を取り除いた残りで、収入は商品1つ当たりの価格に販売数を掛けた形でおおよそ求まります。当たり前のこと？　そうかもしれません。しかし、その当たり前のことを愚直に追いかければ、投資家の判断の実態が、ほんの少し見えてきます。

つまり、「企業の良し悪しを投資家が判断できる」とは、「その商品の売れゆきと、生産や広告にかかっている費用を正しく知っている（予測できている）」ということを意味するわけです。したがって、それらの情報をできるだけ集めることが、投資家がものを調べることの正体であるわけです。財務諸表や企業自身の発表内容を点検するのはもちろんのこと、必要とあれば販売の現場を覗きにいくことまで含めて、情報をかき集めることで投資家の判断の根拠ができあがっていくわけですね。

青木　もちろん、一口に「投資家」と言っても、いろいろな種類がいます。上で述べたような利益予想を実施するのは、一部の「プロの投資家」に限られるかもしれません。そうでない投資家のなかには、「この前テレビのニュースで取り上げられていたから株価が上がるだろう」や「しばらく株価が下がり続けているからそろそろ上がるだろう」といった理由で株式を買う人がいるかもしれません。

岩田　たしかに。情報を集める能力も、手元にある情報を使って判断をするやり方も、人によってまったく異なりそうですね。例えば、企業の資金を増やすべく仕事として投資を担当する人（財務担当）と、個人の貯金を放っておくのももったいないので投資しようという人では、責任の重さも、持ち合わせる技術も違ってきそうです。

青木　それでもやはり、投資家にとって「良い企業」の判断基準は、値上がり益と配当収入だと言えるでしょう。したがって、ご質問に対する私なりの回答は、「投資家にとって「良い企業」の判断基準は比較的シンプルであるものの、その判断をどんな情報に基づいて行うか、その情報をどのように解釈するかが人によって様々であり、結果としてある企業が「良い企業」であるかについての最終的な判断が人によって変わってくる」という風にまとめられるでしょう。

岩田　経済学めいたドライな言い方をすれば、集めた情報からこのように予測すると当たる、という確度の高い技術が存在しないか、難しすぎて万人には使えないために、よしんば同じデータをもとにしても人によって別の判断が起こるし、どれが正解とも言いがたい、ということになりましょうか。ありがとうございました。

　さて、続いては田中謙一先生のお話を伺うとしましょう。大学生時代に法学の講義を受けて四苦八苦した私としては、ぜひともお教えを賜りたい話題です。

田中先生の場合

問２：国民の大半は六法全書をひもとくことさえないまま生活するわけですけれど、国民が知らないはずの法を守って暮らせるのはどうしてですか。

田中　私が担当する章でも書きましたが、日本に住む多くの人は、法を意識して守っているのではなく、結果的に法を守っていると言うべきでしょう。むしろ多くの人は、慣習と呼ばれる自然発生的な判断基準に従い、日常の行動を決定しています。ただ、慣習の内容と、法の内容とに重なる部分が多いため、慣習に従って暮らしていれば、結果的に法を守ることにもなるのです。例えば、店で商品を手に取ったらレジに持っていってお金を払うという行動は、それを定めた法（実際に民法という法により、そのことが規定されています）に従ったわけではなく、長年の社会生活のなかで、そのような行動をとることが当然であるとする慣習を身に着けているためであると考えられます。ですから、逆に言えば、そのような慣習をまだ身につけていない幼児が店の商品を勝手に持ってきてしまったりするということも説明がつくわけです。

岩田　基本的には慣習を守っていれば法を犯さないようにできているということですね。むしろ順序から言えば慣習の命じる事柄の範囲内に法の要求内容が定められるということなのかもしれませんが。所有権については、慣習に従ってさえいれば、法を犯すことはさほどないと考えてよいのでしょうね。もちろん、ウェブ上の文章・画像の無断転載や違法アップロードと著作権法との関係のように、慣習ではどうしようもない部分があるのは存じております。

１つ重要なことは、これは、法の要求が慣習の要求とせいぜい同じかそれより緩やかである（求めることが少ない）ときに成り立つということでしょう。つまり、法には違反しないけれども慣習的に悪いと判断されるような事柄が見かけられる世間でなら、慣習を守ることがそのまま法を守ることにつながりやすいのでしょうね。

逆に、法の要求が慣習の要求よりも厳しい事柄については、私たちは法を知ることなしには法を守れない、ということになりましょうか。

田中　もちろん、法の内容と慣習の内容とはつねに一致するわけではありません。これも私が担当する章で書きましたが、その典型例は自動車の運転です。実際に自動車を運転している人ならおわかりになるように、法で定めている制限速度を厳守している人はほとんどいません。それどころか、制限速度を守って走っていると、後ろに渋滞の列ができてしまい、挙句の果てにはクラクションを鳴らされたりすることもあります。つまり、そこでは、制限速度を守るべきであるとする法よりも、周りの車の運転速度にあわせて走るべきであるとする慣習が優先しているのです。

岩田　私の地元である愛知では交通法規違反の取り締まりがかなり厳しく行われていますが、自動車運転については法の要求が慣習の要求より厳しいか、あるいは、慣習の要求に従うと法の要求を破るようになってしまっている、と見ることができそうですね。どちらかと言えば後者でしょうか。

　このような場面では、法は慣習を壊すものとして立ち現われますし、それを執行する司法は明らかな権力として私たちの上に君臨することになります。私たちが法をはっきり意識するのはそのときに限られるということになりましょう。

　ところで、法と慣習との関係が、ときに慣習のほうが厳しく、別のときには法が厳しく、そして場合によっては法と慣習とが衝突さえするとなると、素人からみると随分不規則な、過ごしづらい社会であるようにも思えます。こういうズレについて法曹界ではどのような考えがあるのでしょう。

田中　このような状況に対する評価はいくつか考えられます。例えば、1つの評価としては、多くの人が従う慣習と異なる内容の法は妥当ではないという評価です。これに対し、法に反する内容の慣習は妥当ではなく、法の側でそのような慣習を打破する措置を講じるべきであるとする評価もあります。後者の一例としては、2009年に実施された飲酒運転の厳罰化が挙げられます。それまでも飲酒運転は法に反する行為でしたが、数杯程度のお酒であれば車を運転しても問題ないとする慣習が存在していました。しかし、そのような慣習に従う人が重大な死亡事故を発生させたことを契機として、慣習を打破するべく法が飲酒運転をした人に対し、極めて重い罰を課したのです。

このように、日本に住む人は慣習に従って暮らしている限り、たいていの場合は結果的に法を守って暮らしていることになります。しかし、上に挙げたような例もあることを忘れてはなりませんね。

岩田　どうやら、法はときに慣習に基づく善悪の判断を強化し、また別のときには慣習を破壊する形で私たちの生活に介入を果たしているようです。やや乱暴ながら次のように言えるでしょう。法体系には法体系の目指す結果があって、その達成に慣習が役立つならそれを後押しし、慣習が邪魔になるようならその打破を試みます。すると、多くの場面で法と慣習とが衝突せずにすんでいる現状は、奇跡的に幸いなものと言うこともできそうです。なぜそのような奇跡が起こるのか、今はわかりませんが。今回はありがとうございました。

お２人の先生にコメントをいただき、私からも補足をいたしました。質問への答をいただいて理解は増しましたが、同時に疑問も増えたように思います。例えば企業の評価が比較的難しいにもかかわらず株式市場は今日も盛況である理由、例えば私たちの慣習の多くが法制度を支援するような形をとれている理由が、今度はわからなくなりました。

ここからの疑問については読者の皆さんにお預けすることにして、私は筆を置こうと思います。私にとっては、どうしてだろうと首をひねる機会があることは幸いなことであり、これは皆さんへの贈り物のつもりでいます。どうか、疑問が皆さんにとって快適なものでありますように。

終　章　「見えにくい」を「見る」ために

――「何でもできる」から「何かができる」へ

片山悠樹・山中仁美

序章でも述べたように、本書では様々な「知」のかたちを扱ってきました。第Ⅰ部では、法と習慣（第1章）やインターネットをめぐる問題（第5章）など、私たちの生活のなかでつい当たり前だと感じてしまうテーマを取り上げ、当たり前を問い直す「面白さ」の提示を試みました。第Ⅱ部では、財政健全化（第9章）や株主配当（第10章）など経済活動に関連したテーマを扱い、たくさんの数字が登場することで考えるのを敬遠してしまいがちな経済活動を読み解く「面白さ」を提示してきました。さらに、ケース＆ディスカッションでは、環境問題の見方や日常生活を営むうえで必要な「情報」の問題について議論してきました。

これまでの章で扱ってきたトピックは、いずれも私たちの社会を支える重要な要素と言えますが、よく考えてみると、どれも形のあるものではありません。つまり、見えにくいものです。さらに言えば、私たちの社会も見えにくいです。「紙と鉛筆で社会を描いてください」と言われても、何を描いてよいのか悩んでしまうはずです。

本書の執筆者は、法学、国際政治学、経済学、財政学、会計学、社会学を専門としていますが、それらは社会科学という大きな括りにまとめられます。おそらく、皆さんも何らかの形で社会科学を学んでいる（学んでいた）と思われます。そこで、本書を終えるにあたり、大学で社会科学を学ぶ重要性を筆者たちなりの観点から提案してみたいと思います。とはいえ、それはあまりに大きな問いであるため、見えにくい「社会」を少しでも見るための工夫について一緒に考えてみましょう。

1　見えにくく、変化する、曖昧な社会

社会とはどんなものなのでしょうか。専門的な話をすると、とたんに難しくなるため（筆者たちもまだよく理解できていません）、ここでは少し見方を変えて考えてみましょう。

「皆さんは普段の生活のなかで、社会を意識しますか？」。突然このように質問されたら、どのように答えるでしょうか。もしかしたら、多くの方は社会を意識したことはほんどないと答えるかもしれません。そのことに対して、「もっと勉強して、社会のことを意識しなさい」と「上から目線」で言うことが、ここでの目的ではありません。ただ、少し考えてみてください。私たちが否応なく社会を意識するきっかけがあるはずです。例えば、「危機」に直面したときがその1つと言えそうです。

3.11の呼称が定着した東日本大震災はその顕著な例と言えます。今さら説明するまでもありませんが、3.11は巨大地震と津波によっておびただしい数の命と希望を奪い去ったばかりか、原発事故が追い打ちをかけ、影響の範囲すら確定しえない危機のなかに私たちを放り込みました。簡素な3桁の数字で表現される危機をめぐり、「どこに問題があったのか（あるのか）？」、「何をすべきだったのか（すべきなのか）？」といったことが議論され、今なお解決を求めています。それがどんなにつらい作業であったとしても（日付によって象徴される危機には9.11もあります）。問いを続けることで、何気なく過ごしている社会に危機が潜んでいたことを知ります。しかも、危機は特定の地域や人々に偏在していることにも気づきます（3.11で原発のリスクがどのような地域に集中しているのかを想像してください）。

少し話が逸れたかもしれません。ここで考えたいのは、私たちは社会のなかで生きているものの、なかなか社会を意識することがないということです。危機が私たちの前に立ちはだかることで、社会を意識し、そのあり方を反省します。いつもはその姿をなかなか現さない社会は、私たちにとって非常に見えにくい存在と言えるでしょう。

また、やっかいなことに社会を言葉で定義することは非常に難しいです。社会の定義の難しさを、「友人」を例に考えてみましょう。皆さんにとって、友人とはどのような存在でしょうか。ある人は悩みを打ち明ける相手を友人と言うかもしれません。別の人は楽しい時間を共有できることを友人の条件とするかもしれません。最近だと、SNSでつながっていれば友人と答える人もいることでしょう。友人と聞けば、誰もがその意味を聞かずとも理解できますが、いざ言葉で厳密に定義しようとするとなかなか一致しません。それぞれの定義に大きな違いがなくても、少しずつ食い違います（もちろん、一致する部分は多いです）。それでも何となく友人という概念を私たちは共有しています。社会も同じです。社会という概念は何となく理解されているのですが、厳密には定義しにくい、つまり曖昧な存在と言えます。

それだけではありません。社会はつねに変化します。考えてみれば当たり前ですが、100年前と現在の日本社会は様々な面で変化しています。改正公職選挙法が成立し選挙権年齢が「20歳以上」から「18歳以上」に引き下げられたことは記憶に新しいですが、100年ほど前には納税額や性別によって選挙権が制限されていました。100年の間に、納税や性別の資格制限が撤廃されたように、社会は一定ではなく、いつも変化しています。しかも、自然と変化するのではなく、私たちがその変化を起こしているのです。私たちは社会のなかに生きていますが、操り人形ではありません。社会というシナリオに沿って演じるものの、ときにアドリブをすることでシナリオ（＝社会）を少しずつ変えます。私たちと社会はお互いに影響を与える、双方的な関係にあると言えるでしょう。

一口に社会と言っても、その姿は見えにくく、変化するうえに曖昧な性質を備えています（社会の定義については富永健一『社会学講義』中公新書、1995年を読んでみてください）。だからこそ、社会を観察するのに少し工夫が必要となってくるのです。

2　日常をじっと覗く私

それでは、どのような工夫があるでしょうか。社会科学者たちは様々な工夫を編み出してきましたが、ここでは筆者たちが重要だと考える工夫を一部だけ紹介してみたいと思います。

まず１つ目は「日常」への着目です。上でも述べたように、社会は私たちの手によって変化します。神のような超越者が社会を動かしているわけではありません。少し難しい言い方になってしまいますが、社会は私たちの日常的な概念によって構成されているのです。そのため、日常生活に注目することが大切になってきます。「グローバル化のなかで、○○は▲▲となっていますか？」、「民主主義の理念に照らして、××についてどう思いますか？」と質問され、グローバル化や民主主義という「大きな」言葉に思わず尻込みしてしまった経験はないでしょうか（グローバル化や民主主義について考えなくてよいと言っているわけではありません。しっかりと考えるべき問題です）。いきなり大上段に構えると、ただでさえ見えにくい社会がいっそう見えにくくなってしまいます。だからこそ、まずは「日常」に目を向けることが重要となるのです。

２つ目は、「覗く」ことです。見えにくく、曖昧で、変化する社会を網羅的に理解することはとても困難です。ここでも例を挙げて考えてみましょう。最近テレビや新聞などで取り上げられることが多い「学力格差」ですが、格差の要因は１つではないでしょう。保護者の教育への関心、保護者の所得、先生の教え方、塾の利用など、思いつくだけでもいくつか挙げることができます。１つの現象や出来事の背後には、数多くの要因が複雑に絡まっています（さらに言えば、ある要因が常に同じ現象や出来事を引き起こすとは限りません）。１つの現象や出来事の背後にある、すべての要因を網羅的に理解することは無理でしょう。社会も同じです。様々な要因が複雑に絡み合っている社会を鳥瞰的に見渡そうとするのは、それこそ神のような所業と言えます。神ではない私たちは視点を絞って考える必要があります。そのあたりのことを、著名な学者であるM・ウェーバーは『社会科学と社会政策にかかわる認識の「客観性」』（富永裕治・立野康男訳、折原浩補訳、岩波文庫、1998年）という本のなかで、次のように述べています。

> 「社会現象」の分析であって、特定の「一面的」観点をぬきにした、端的に「客観的な」科学的分析といったものは、およそありえない。社会現象は、――明示的にせよ黙示的にせよ、あるいは、意識的にせよ無意識的にせよ――そうした一面的観点にしたがって初めて、研究対象として選び出され、分析され、組織立って叙述される。

少し難しいかもしれませんが、私たちが見ることのできるのは、限られた範囲だけなのです。虫眼鏡で一部を拡大して社会を覗くという感じに近いかもしれません。

3つ目は、「立ち位置の自覚」です。覗くと言うと、一部だけ強調されて、偏ったものの見方になると心配する方もいるかもしれません。そうした心配は、理解できます。もちろん、極端に偏ったものの見方には注意を払うべきですし、偏ったものの見方によって人を傷つけることはあってはならないことです。ただ、私たちは特定の価値観に立って現実を見ているのです。生まれ育った環境や出会った人や本などから影響を受け、特定の価値観が形成されるため、どんな価値観からも中立であるというのは非常に難しいことです。そうであるならば、社会を覗く際に、特定の価値観を前提としていること（＝自分の立ち位置）を自覚する必要があります。このように書いても、不安は拭いきれないとの声が聞こえてきそうです。そのため、メリットについて少し触れておきたいと思います。代表的なメリットは、新しい「つながり」の発見です（この点はあとで触れます）。これまで現象Aの要因としてXとYがあるとされてきましたが、じつは今まで気づかれなかった「未知」の要因Zを積極的に発見しようとする姿勢とも言えます。新しい「つながり」を発見するには、あれもこれもと網羅的に見るのではなく、自分の立ち位置を自覚し、視点を絞る必要があります。もちろん、「新しい」といっても、大げさに捉えることはありません。じっと覗きこむことで、当たり前と思うあまりに見落とされた「つながり」（あっ！と思わせるような意外な「つながり」）を発見しようとする姿勢が重要なのです（先ほど挙げたウェーバーの『プロテスタンティズムの倫理と資本主義の精神』大塚久雄訳（改訳版）、岩波書店、1989年という本はまさに代表例です）。そうした姿勢を身につけることができれば、見慣れた日常が別の風景に見えるような興奮に出会えるはずです（P・L・バーガー『社会学への招待　普及版』水野節夫・村山研一訳、新思索社、2007年）。それが社会をじっと覗くことの醍醐味と言えます。

3 「何かができる」＝2つの「つながり」の発見

「つながり」の発見について触れましたが、もう少しだけ掘り下げて考えてみましょう。

高校までの学校生活を振り返ってみると、英国数理社といった5教科がまんべんなくできる人は「優秀な」生徒として扱われていたのではないでしょうか。学校では、どの科目もそつなくこなす＝「何でもできる」ことが優秀であることの証と言えます。推薦入学やAO入試の普及、入試科目の削減など大学入試のあり方はすっかり変わってしまいましたが、難関とされる大学の入試科目は他の大学よりも多く、「何でもできる」ことが求められています。もちろん、どの科目もまんべんなくできるというのは重要ではありますが、大学での勉強＝「学問」では「何でもできる」から「何かができる」へとその重心が移動するように思います。先ほど触れた「日常をじっと覗く」には「何でもできる」ことが必須条件ではなく、「何かができる」ことのほうが求められます。さらに、「何かができる」ということは意外な「つながり」を発見する条件の1つとなります。言い換えれば、大学で学問をするということは、「何か」をじっと覗くこと（ただ「何でも」見るではありません）、新しい「つながり」を発見することと言えるかもしれません（発見の興奮については上で触れたとおりです）。

私たちが発見することを目指す「つながり」は、大雑把に2つの種類に分けられます。1つが「いつもそばにある」つながり、もう1つは「ここではないどこか」とのつながりです。前者は空間的／認知的に近いため、そして後者は空間的／認知的に遠いため、つながりが見落とされがちです。

「いつもそばにある」つながりは「当たり前！」と思うあまり、つながりやその重要性が見落とされてしまいます。失ってから初めてつながりの大切さに気づくという経験はないでしょうか。一方、「ここではないどこか」とのつながりも一見すると無関係で重要ではないように思えるかもしれませんが、じつはそうではありません。スマートフォンを例に考えてみましょう。多くの方が持っているスマートフォンですが、その部品の原料の供給地はどこで、そこではどのような人々が携わり、私たちの前に商品として運ばれてくるのか、ご存じでしょうか。空間的／認知的にも「遠い」ため気づいていないだけで、つながっているのです。

「いつもそばにある」つながり／「ここではないどこか」とのつながりは、「何でもできる」姿勢のままでは焦点がぼやけ、見過ごしてしまう可能性があります。「何でもできる」よりも「何かができる」姿勢（＝じっと覗く）が、発見のカギとなります。前者のつながりの発見は社会学の得意技で、後者は国際関係論の十八番と言えるかもしれませんが、経済学、法学や歴史学といった他の社会科学の分野でも2つの「つながり」を扱うようです。

さらに、2つのつながりを発見できるようになると、身の回りの見落とされた危機／遠く離れているものの無関係ではない危機に気づくようになり、主体的に考えられるようになります（例えば、前者は3.11が、後者は9.11が該当するでしょう）。就職や将来のために、大学で既存の知識や技術をひたすら身につける（＝「何でも知る」）ことも重要でしょう。もちろん、その意義は否定しません。ただ、それでは大学は高校の延長になってしまいます（高校には高校の、大学には大学の役割があるのではないでしょうか。大学1年生を高校4年生としてよいのでしょうか）。高校も大学も教育機関ですが、いくつか違いが存在します。その違いの1つが、大学では「何かができる」姿勢の獲得が重視されていることだと筆者たちは考えています（もちろん、それだけではありません）。

4 「とりあえず」の答え

今、私たちの社会に目を向けると、いくつもの危機が訪れ、振り払えないような不安が渦巻いています。特に、今の若者が描く未来は、かつての若者と比べ、明るいものではありません（例えば、就職や結婚を例に考えてみてください。20年前以上の若者と今の若者ではかなり違った状況にあると思います）。抽象的な言い方になってしまいますが、20世紀後半に築かれた「安全」で「安心」な生活、「正しさ」への確信は、未来を夢見て希望に胸を膨らませていた21世紀の幕開けとともに、亀裂が走り音を立てて崩れつつあります。

そうした状況のなか、私たちは何ができるのでしょうか。不安定で不確実な未来を変えられない「運命」として受け入れるわけにはいきません。少しでも「マシ」な方向に変える努力が必要ではないでしょうか。ただ残念ながら、「どうすればよいのか」という答えを筆者たちは持ち合わせていません（筆者たちも模索しています）。ここでは「答え」のかわりに、ささやかな提案をしておきたいと思います。それは、「学問」を通じて「いつもそばにある」つながり／「ここではないどこか」とのつながりを発見してほしいというものです。

すでに触れたように、「つながり」は近すぎて見えていないだけかもしれません。あるいは遠いと思い込み、気づいていないだけかもしれません。それでも、色を塗り分けるような対立や「自分には関係ない」という隔たりの背後には、ゆるやかな「つながり」があるはずです。それに気づくだけで未来の見え方は少し変わります。少しでも「マシ」な未来を描くためには、じっと覗くことが不可欠なのです（序章で触れた「ファインダー」は、このことを表しています）。社会のなかにある「つながり」を発見することで、未来への「つながり」を描き、少しでも「マシ」な未来を築いていく必要があるように思います。

いまからおよそ50年前、イギリスの歴史家であるE・H・カーは次のような言葉を残しています（『歴史とは何か』清水幾太郎訳、岩波新書、1962年）。

> 私たちがどこから来たのかという信仰は、私たちがどこへ行くのかという信仰と離れ難く結ばれております。未来に向って進歩するという能力に自信を失った社会は、やがて、過去におけるみずからの進歩にも無関心になってしまうでしょう。

描ける未来にわずかな光しかないことで、過去や現在に無関心になってはなりません。私たちはつねに「何か」を問い、「つながり」を見つけることが必要です。

序章では、「なぜ、今、大学で学ぶのか？」という問題を提起しました。これに対するたった１つの「正解」はおそらくないでしょう。時代が変化すれば大学の意義も変わりますし、皆さんそれぞれに意見もあるでしょう。ただ、私たちの「とりあえず」の答えは、「「何か」を問い、「つながり」を見つけること」です。

あとがき

あとがきを書いているのは年の瀬だが、本書が刊行されるのは桜の季節になるはずだ。毎年、桜を見るたび、一斉に咲き誇り散ってゆく、統一感のある美しさに思わず目を奪われてしまう。ただ、物の本によると、日本には400種類もの桜があり、かつては多様な桜の風景があったという。私たちが忘れてしまった多様な桜の風景は、日本の桜の魅力に取りつかれたイギリス人の手によってイギリスのある場所に受け継がれているというのだ。統一感のある美しさもよいが、多種多様な桜が楽しめる風景もきっと美しいであろう。

本書のタイトルにある「多様化する社会」は、どこか桜に似ている。交通技術や情報通信技術の発展のおかげで、これまでにないほど多くの人々が移動するようになり、異なる価値に出会う機会が増えた。ただ、その出会いは共生への道を模索することもあれば、混乱を来たし衝突することもある。そうしたとき、統一性を求める空気が立ち込めてしまうことがある。「正しい」とされる価値を持ち出し、人を縛り、ときに排除する。具体的な例は挙げないが、日常生活でも目の当たりにすることがある。気づけば、多様性は忘れ去られ、統一性に塗りつぶされてしまう。そうならないためにも、まずは自分とは異なる多様な価値や見方を知る必要があろう。それが、本書のタイトルの後半部「多元化する「知」」である。いろいろな学問分野というフィルターを通して、多様な現実を知る。それが本書のタイトルに込めた意味である。

こうした思いは、研究者として歩みを進めるなかで漠然とではあるが描いてきた。そして、それがはっきりと輪郭を持ちはじめたきっかけは、イギリスで学位を修め、帰国された山中仁美さんの立ち上げた企画だった。

本書の原型は山中さんを中心に進められ、いつしか法学、国際政治学、経済学、会計学、社会学など分野を超えたものとなった。学問分野の基本的前提やスタイルなどは違えども、緩やかな輪を描くようにつながっていた私たちだが、輪の中心には山中さんがいた。本来であれば、編者のひとりとして本書に携わっていただきたかったが、2014年9月私たちの胸に思い出をそっと置いて、旅立たれた。残念でならない。残された私たちは、山中さんの構想を形にしようと、編者を中心に本書の企画を進めた。本書が出来上がったいま、山中さんの構想をどこまで引き継げたのか、自信はない。もう少し構想を練ったほうがよいと思いつつ、3回忌に間に合うよう急ピッチで作業を進めたが、思いのほか時間がかかってしまった。編者の力量不足である。ただ、本書が自分とは異なる価値や見方を尊重するきっかけとなれば、目的は達成したことになるのではないかと、いまは思う。

本書の執筆にあたり、ナカニシヤ出版の酒井敏行さんには大変お世話になった。急に刊行をお願いをしたにもかかわらず、快く引き受けていただいたこと、心からお礼を申し上げたい。

振り返ってみると、本書を通じて多様化する社会をこれまで以上に考えるようになったのは、実は私たち編者かもしれない。そのきっかけを与えてくれた山中さんに、お礼を伝えたい。ほんとうにありがとう。

2016年歳晩

編者一同

索　引

た

な

は

【編者】

片山悠樹（かたやま　ゆうき）

1977年生まれ。大阪大学大学院人間科学研究科博士後期課程単位取得退学。博士（人間科学）。現在、愛知教育大学教育学部准教授。専攻は、教育社会学。『「ものづくり」と職業教育――工業高校と仕事のつながり方』（岩波書店、2016年）、『進路選択の過程と構造』（共著、ミネルヴァ書房、2010年）、ほか。

山本達也（やまもと　たつや）

1975年生まれ。慶應義塾大学大学院政策・メディア研究科後期博士課程修了。博士（政策・メディア）。現在、清泉女子大学文学部地球市民学科教授。専攻は、国際関係論、公共政策論、情報社会論。『革命と騒乱のエジプト――ソーシャルメディアとピーク・オイルの政治学』（慶應義塾大学出版会、2014年）、『アラブ諸国の情報統制―インターネット・コントロールの政治学』（慶應義塾大学出版会、2008年）、『日本の政策課題』（分担執筆、八千代出版、2016年）、ほか。

吉井　哲（よしい　さとし）

1978年生まれ。北海道大学大学院経済学研究科博士課程修了。博士（経済学）。現在、名古屋商科大学経済学部教授。専攻は、理論経済学、経済学説史。*A New Construction of Ricardian Theory of International Values: Analytical and Historical Approach*（分担執筆、Springer、2017年）、『経済学を再建する』（分担執筆、中央大学出版部、2014年）、『日本経済の常識――制度からみる経済の仕組み』（分担執筆、ナカニシヤ出版、2014年）、ほか。

【各章担当者】

山中仁美（やまなか　ひとみ）〔序章〕

元・南山大学経済学部准教授（2014年・没）。Ph.D.（Politics and International Relations）。専攻は、国際関係学・国際関係史。『戦争と戦争のはざまで――E・H・カーと世界大戦』（ナカニシヤ出版、近刊）、「戦間期イギリスの国際関係研究における「理論」――チャタム・ハウスにおけるナショナリズム論をめぐって」（『国際政治』175号、2014年）。

田中謙一（たなか　けんいち）〔第1章〕

亜細亜大学法学部准教授。修士（法学）。専攻は、民法。『入門法学』（分担執筆、晃洋書房、2014年）、ほか。

矢部謙太郎（やべ　けんたろう）〔第 3 章〕
名古屋商科大学経営学部教授。修士（文学）。専攻は、社会学。『消費社会と現代人の生活──分析ツールとしてのボードリヤール』（学文社、2009 年）。

藤重博美（ふじしげ　ひろみ）〔第 4 章〕
法政大学グローバル教養学部准教授。Ph.D.（Political Studies）。専攻は、国際関係論・安全保障研究。*Constructing a More Active Role: The Norm-Shift and the Rise of Activism in Japan's Security Policy after the Cold War*（単著、内外出版、2017 年）、『国際平和協力入門』（共編著、ミネルヴァ書房、2018 年）、ほか。

山本 健（やまもと　たけし）〔第 6 章〕
西南学院大学法学部教授。Ph.D.（国際関係史）。専攻は、ヨーロッパ国際関係史。『同盟外交の力学─ヨーロッパ・デタントの国際政治史　1968–1973』（勁草書房、2010 年）、『冷戦史を問いなおす─「冷戦」と「非冷戦」の境界』（分担執筆、ミネルヴァ書房、2015 年）、ほか。

佐々木俊一郎（ささき　しゅんいちろう）〔第 7 章〕
近畿大学経済学部准教授。博士（学術）。専攻は、実験経済学。『実験ミクロ経済学』（共著、東洋経済新報社、2012 年）、『実験マクロ経済学』（共著、東洋経済新報社、2014 年）、ほか。

広田啓朗（ひろた　はるあき）〔第 9 章〕
武蔵大学経済学部教授。専門は、公共経済学、地方財政論。『地方分権化への挑戦──「新しい公共」の経済分析』（分担執筆、大阪大学出版会、2012 年）、"Municipal Mergers and Special Provisions of Local Council Members in Japan"（共著、*The Japanese Political Economy*, Vol.40, Issue 3–4, pp.96–116, 2014 年）、ほか。

青木康晴（あおき　やすはる）〔第 10 章〕
一橋大学大学院経営管理研究科准教授。博士（商学）。専攻は、会計学。『現場が動き出す会計』（共著、日本経済新聞出版社、2016 年）、"How Does the Largest Shareholder Affect Dividends?"（International Review of Finance, 2014 年）、ほか。

兪　敏浩（ゆ　びんこう）〔第 11 章〕
名古屋商科大学国際学部准教授。博士（法学）。専攻は、現代中国論、東アジア国際関係論。『国際社会における日中関係──1978～2001 年の中国外交と日本』（単著、勁草書房、2015 年）、『東アジアのなかの日本と中国──規範、外交、地域秩序』（共編著、晃洋書房、2016 年）、ほか。

今野茂充（こんの　しげみつ）〔ケース&ディスカッション①〕
東洋英和女学院大学国際社会学部准教授。博士（法学）。専攻は、国際関係理論、安全保障研究。『東アジアのなかの日本と中国――規範・外交・地域秩序』（共編著、晃洋書房、2016年）、『戦略史としてのアジア冷戦』（共編著、慶應義塾大学出版会、2013年）、ほか。

岩田正隆（いわた　まさたか）〔ケース&ディスカッション②〕
名古屋商科大学経済学部准教授。博士（経済学）。専攻は、理論経済学。

多様化する社会と多元化する「知」
「当たり前」を疑うことで見える世界

2017年4月15日　初版第1刷発行　（定価はカヴァーに表示してあります）
2019年3月20日　初版第2刷発行

編　者　吉井　哲・山本達也・片山悠樹
発行者　中西健夫
発行所　株式会社ナカニシヤ出版
〒606-8161 京都市左京区一乗寺木ノ本町15番地
TEL 075-723-0111　FAX 075-723-0095
http://www.nakanishiya.co.jp/

装幀＝白沢　正
印刷・製本＝亜細亜印刷

ISBN978-4-7795-1149-3　C0030